孙若燕　王洋　著

其实孩子可以自己做作业

自主高效做作业的心理法则

机械工业出版社
CHINA MACHINE PRESS

U0336920

本书围绕孩子的作业心态、作业能力和作业习惯，为家长提供了一套适合家庭使用的"作业支持系统"，帮助家长从小学开始，逐步培养孩子自主、独立的作业能力和习惯。本书每部分都为家长提供将方法落地的"作业支持工具"，并结合孩子三个不同发展阶段的特点，提供了有针对性的作业支持方案，方便家长制订适合自己孩子实际情况的作业支持计划。

图书在版编目（CIP）数据

其实孩子可以自己做作业：自主高效做作业的心理法则 / 孙若燕，王洋著. -- 北京 : 机械工业出版社，2024. 7. -- ISBN 978-7-111-76025-2

Ⅰ. G780

中国国家版本馆CIP数据核字第2024FY1712号

机械工业出版社（北京市百万庄大街22号 邮政编码100037）
策划编辑：陈 伟 责任编辑：陈 伟
责任校对：郑 雪 薄萌钰 韩雪清 责任印制：任维东
北京瑞禾彩色印刷有限公司印刷
2024年9月第1版第1次印刷
165mm×225mm · 16印张 · 205千字
标准书号：ISBN 978-7-111-76025-2
定价：65.00元

电话服务 网络服务

客服电话：010-88361066 机 工 官 网：www.cmpbook.com
　　　　　010-88379833 机 工 官 博：weibo.com/cmp1952
　　　　　010-68326294 金 书 网：www.golden-book.com
封底无防伪标均为盗版 机工教育服务网：www.cmpedu.com

一本帮助家长科学辅导孩子作业的
心理学"教科书"

　　小学生做家庭作业，原本只是一个学习问题，家长一旦参与进来，俨然成了一个社会问题，出现了种种的怪现状，引起了社会的广泛关注。在这样的背景下，家长的作业投入，作为家长教育投入的自然延伸，又慢慢变成了一个实实在在的专业问题，而逐渐被学者们研究。

　　这本书的作者之一孙博士正是这批研究者之一。她本人就是一位家长，也曾面对过自己孩子的学业和作业问题，有亲身的体验和感悟。她做过十多年的学校心理老师，在心理咨询和心理健康教育方面躬耕力行，目前开设自己的心理咨询工作室，亲历过家长辅导孩子作业的种种问题。在攻读博士学位的过程中，她响应国家的"双减"政策，有感于近年来家长参与孩子作业而产生的形形色色的困惑和怪相，而将"家长作业投入"选作自己博士论文的主题。她借此系统性地梳理了国内外有关家长教育投入特别是家长作业投入的理论思考和实证研究，跟踪调查了我国小学生作业的家长投入情况，建构了家长对小学生作业的结构性支持和自主性支持的支持框架。现在，她联合另外一位作者——一位对家庭教育做过许多专访的资深媒体人和写作者，将博士研究的成果以生动鲜活的案例、深入浅出的叙述、平易近人的笔触转化为学生家长参与作业的心理学指南，直接兑现了博士研究论文的实践价值。

　　本书脱胎于博士学位论文，两位作者阅历丰富，各用所长、珠联璧合，使我们就对本书的科学性和实用性充满了高期待。这本书一上来就开宗明义，认为家长参与孩子作业就是要为孩子建立起一个作业支持系统，以满足孩子的三种基本心理需要：关系需要、胜任需要和自主需要，在心理上富养孩子，使孩子成长为一个自主而能干的学习者、一个幸福而快乐的健康人。然后抽丝剥茧、条分缕析，将作业支持系统展开，通过大量的案例分析，操作化地详解如何为孩子提供这三种必要的支持：一是基础性支持，通过与孩子建立良好的亲子关系，提升孩子的作业积极情绪、责任感和动机；二是结构性支持，辅导孩子作业内容，为孩子建立作业规范；三是自主性支持，给予鼓励，提供选择，建立关联，即让孩子知其然还知其所以然。本书脱胎而不换骨，虽然没有博士论文中子曰诗云似的学术罗列，但通俗平易的语言、引人入胜的故事背后都是学术上的大道理。更为重要的是，它还给出切实具体的实践方案和可操作化的行动指南，甚至一份一份的行为检核清单，实在是一本帮助家长科学辅导孩子作业的心理学"教科书"。

　　套用书中的观点来看这本书，它实际上为家长辅导孩子作业提供了一个很好的结构性支持。正如孩子不是生来就会有章有法地做作业一样，好多家长做父母也一样缺乏章法，更别说辅导孩子作业了。家长凭着自己是长辈，比孩子多一些知识和经验，就自以为是地辅导起孩子的作业来。父母是孩子的第一任老师，家是孩子的第一所学校。这不只是在描述一个客观事实，更是在强调父母教育职责的重要性。至于怎么办学校、如何做老师，则是一个结结实实的专业活儿，需要发展心理学、教育心理学和社会心理学的知识和技能。我们不是天生就会这些知识和技能的，仅凭直觉办事哪有不碰壁甚至撞南墙的。看了这本书，才知道仅仅是辅导孩子作业，背后就存在着许许多多的规律和奥妙，是有章可循、有法可依的。正如我们在辅导孩子作业时要给孩子提供结构性支持一样，这本书为我们辅导孩子作业手把手地提供了结构性支持。

　　这本书也为家长辅导孩子作业提供了一些自主性支持。书中给出了一些辅导作业的良方和建议，用不用、怎么用，要靠我们自己来决定。为此我们还需要转变观念，修炼心性，尽量站到自己的位置上。首先，我们要转变看待孩子的视角，尊重孩子，把孩子看作一个独立的社会成员，他有着自己的自尊、人格、观点和感受。有些家长将孩子看作自己的所有物，想怎么着就怎么着，可以颐指气使、发号施令，可以随意地生气、发脾气、吹胡子瞪眼，因为我们知道孩子不敢也不会把家长怎么样，所以丝毫不掩饰、也不控制自己的这些情绪反应。这并非是我们控制不了，而是不想动用意志力做任何的情绪劳动，甚至是故意做脸色给孩子瞧的。正如书中所说，如果此时接听一个领导、同事或朋友的电话，我们马上和颜悦色、轻声细语了。孩子小的时候是不敢把我们怎么样的，但后果是隐性的，长期积累下来，就可能闹出这样那样的问题。试想一想，如果有一位领导或总监，总是这样对待我们，我们恐怕早已经抑郁成疾或者甩手不干了。看了这本书，我们要从内心深处改变看待孩子的视角，把孩子当成一位特殊的小朋友，以朋友之道与孩子相处，维护孩子的自尊，尊重孩子的人格。清华大学附属小学有一句标语树立在操场正前方："儿童站在正中央。"我们在辅导孩子作业的时候，不妨想一想这句话。学习毕竟是小朋友自己的事，我们做朋友的，只能尽心尽力地为他提供服务和支持，还是让他做出自我决定吧。

其次，我们要把孩子看作一个跟我们自己一样的正常的人，而且是一个发展中的人。生活中不只有作业或工作，作业或工作中也不可能不走弯路、不犯错误。我们很多家长似乎天生有一种心态：见不得孩子不学习，容不得孩子不如意。我们恨不得孩子每时每刻都在学习，一看见孩子在学习，就喜滋滋的；一看见孩子在玩，心就乱了。孩子一旦开始学习了，我们又不由自主地要侵入性参与一把，宛如先天性的条件反射一般。进而导致这本书中所说的"不做作业，母慈子孝；一做作业，鸡飞狗跳"。曾经有一位工作多年以后再来读博士的研究生对我说："我妈妈以前很心疼我的，常常劝我工作别太玩命，要多多休息，注意身体健康，但现在一看见我在学习，立马转换频道，现了原形，回归为小时候的妈妈样儿了，虽然她不能指导我的学术研究工作了，但"小鞭子"照样上线，免不了要督促、提醒一番。"这位研究生从中悟出了道，从此对自己的孩子展现出另外一幅画面：一位既有爱心又有同理心的妈妈，设身处地地体会孩子的心情和感受，无条件地积极关注孩子的点滴进步和变化，不再苛求孩子总是在学习，能够容忍孩子的犯错甚至偶尔的任性。

此外，作业是孩子自己的工作，我们切不可越俎代庖，更不能包办一切。正如吃饭一样，孩子只有自己吃，才能茁壮成长。我们有些家长面对着孩子的作业，看在眼里，急在心里。干脆替代孩子记作业、监控孩子做作业、直接教孩子写作业等。这就好像我们教孩子踢足球，看见孩子在场上表现不佳，自己上场踢球去了，好确保成绩不差。但时间久了，又怪孩子不会踢球，殊不知是自己好心办了坏事。为了让孩子尽快成长，我们需要回归到教练的位置上，在孩子需要的时候提供孩子所需的支持，最终让孩子能够自主、自由、自如地踢球、做作业，我们也才能真正心安。

不管怎么说，看了这本书，我们至少知道了，辅导作业不是一件想当然的事情，不能以自己的原生态方式直接应对，而要动用自己的智慧，冷眼观察、冷静思考沉着出招儿。这些招儿从哪里来？纵使可以靠我们独自在尝试与错误中摸索出来，但孩子的时间有限，我们犯错的机会不太多；孩子的健康、幸福和成长至高无上，也容不得我任意犯错。我们的错误少一分，孩子的幸福就多一分，发展就快一分。荀子说："我尝终日而思也，不如须臾之所学。"为了少尝试点错误，多走一点捷径，我们不妨静下心来，好好琢磨这本书中的道理和实招儿，哪怕是将其中的一招半式用到自己的辅导之中，那也是孩子有福了。

刘儒德

北京师范大学心理学部

2024 年 4 月

以智慧和勇气面对孩子的作业问题

2022 年，有一部名为《亲爱的小孩》的电视剧拿到了豆瓣高分。剧中，五岁的小女孩禾禾身患急性白血病，每周化疗三次依然摆脱不了死神的追逐。好不容易找到合适的骨髓移植配型，对方却"弃捐"了。在无望挣扎中，妈妈辞去工作做起了全职保姆，继父卖掉房子想要筹钱救禾禾，甚至离婚多年的爸妈计划着再生一个孩子给她捐骨髓……之前日子过得鸡飞狗跳的几个成年人，逐渐放下分歧，统一到"救孩子"的战线上。

大结局，镜头一转已是两年后，从禾禾家的房子里传出她妈妈急躁的喊声，"你这题怎么还做不对啊！我不想辅导你了，叫你爸管你！"观众会心一笑，放下心来。禾禾妈妈终于体会到跟其他家长一样的烦恼了。

的确，养育孩子不是一件容易的事，人性中的幽微之处也常常禁不起细看，但也许这样的烦恼就是凡人向往的幸福。

当我们真的开始面对这些烦恼了，又会生出无穷的智慧和勇气。希望这本书可以陪着你，帮到你。

这本书有一个特别之处，它是由我们两个作者合作撰写的。我们一个是心理学专业工作者，又恰好把家长辅导孩子作业这件事作为了自己博士论文的选题；另一个是资深媒体人和写作者，以人物专访见长并且一直关注家庭教育领域。从内容上，我们把专业的理论、方法、实证研究和生活中的实例揉在一起，力求达到水乳交融的效果。专业的部分让这本书和一些以个人经验为基础的家庭教育书籍有所区分，而实例的部分则让这本书更接地气，让家长读着读着就看到自己和孩子的影子。

放下专业的身份，在生活中，我们两个都是普通的职业女性和家长。当我们身边的家长在孩子的作业上面临问题时，往往希望从我们这里得到立竿见影的"招儿"。可对于这类问题，我们真的没法用简单几句话回应。就像发烧只是一个症状，家长辅导孩子作业费劲也只是一种表象，背后的原因和影响因素很多，要改善也需要对症下药。所以在这本书中，我们把家长可以怎样做分为基础性支持、结构性支持和自主性支持三大方面，每个方面当中又有细分的因素，家长可以从中找到最适合自己孩子情况的部分作为参考，得到一些解决实际问题的工具。

在写作中，我们尽量对专业的内容进行了通信化的处理，但可能还是有一些让家长觉得陌生的心理学概念。之所以要讲一些概念，是希望家长不仅"知其然"，也"知其所以然"。每个孩子的情况不同，不容易给出针对性的方法，但方法背后的原理是通用的。我们也不希望书中的方法被当作教条，所谓"尽信书不如无书"，毕竟，家长才是最了解自己孩子的那个人。

在这里，特别要感谢书中案例的提供者，得益于你们的坦诚，这些案例都是真实的，经过一些调整呈现出来，希望可以让读者汲取到真实生活的力量，并且发现做一些改进并不是那么难。

还要感谢北京师范大学的刘儒德教授，感谢您一直以来的指导和帮助，让我们能够吸收来自心理学研究的丰富成果。

我们都知道一本书可以涉及的内容是有限的。对如何解决家长辅导孩子作业的问题有很多不同的角度，本书主要从教育心理学的角度入手。而作业问题牵涉的家庭系统层面的问题、潜意识层面的问题、家校关系的问题、社会层面的问题以及性别角色等议题，有待相应领域的专业人士来探讨。

在本书写作时，也是 AI 技术方兴未艾之时。我们相信技术的创新和突破会改变教育的面貌和格局，更相信技术永远不能代替爱。AI 在多大程度上可以减轻家长和孩子在作业上的负担并带来新的助力，我们也会拭目以待。

"我只要他（她）能健康幸福！"当孩子还小时，经常可以听到家长这样讲。那么无论到何种时候，讨论起何种问题，我们希望家长还能记得自己这份初心。

孙若燕　王　洋

2024 年 3 月　于北京

目　录

第三部分
培养必要的作业技能：结构性支持

第四部分
形成独立的作业习惯：自主性支持

第五部分
不同阶段孩子的作业支持方案

PART

其实孩子可以自己做作业：
自主高效做作业的心理法则

第一部分
作业中的心理学：
让孩子拥有"作业支持系统"

第一章

孩子做作业，家长怎么这么难

能攻心则反侧自消，从古知兵非好战；

不审势即宽严皆误，后来治蜀要深思。

——赵藩，成都武侯祠楹联

一、家长辅导作业之"怪现状"

1. 陪作业"名场面"比比皆是

2018 年，一位从事自媒体工作的妈妈发表了题为《一位母亲辅导作业神经分裂全记录》的漫画，引起了广大家长的共鸣。令人欣慰的是，这位妈妈采用了幽默的呈现方式，故事结束在"爱与和平"的氛围中。

而在现实生活中，家长辅导孩子作业引发的亲子矛盾在新闻中频频出现，几乎成了一种现象级的社会公共话题，各种状况层出不穷。

辅导作业会气病家长：

上海的一位母亲因为辅导孩子作业过于焦急引发动脉痉挛；湖北襄阳的一位母亲因陪孩子写作业生气诱发心梗；湖南长沙一位有高血压病史的父亲在辅导孩子作业时引发脑出血；浙江杭州的一位父亲在辅导孩子作业时，因生气拍案而起，导致手掌骨折。

辅导作业会惊动警察：

江苏南京的一位小男孩报警，因妈妈检查作业时认为他有一道题做错了，他认为自己没错，求助民警来判断，最后民警发现孩子是对的；同样在南京，一位母亲在辅导作业过程中和孩子发生冲突，选择报警，由民警进行了沟通调解。

辅导作业会给孩子造成伤害：

湖北武汉的一对父子因作业发生争执，父亲抬手要打孩子，孩子遮挡时，手中铅笔的笔尖插入后脑勺 7 厘米，距离椎管和椎动脉仅有几毫米，险些带来生命危险；江西赣州一位父亲因孩子做作业时过于磨蹭而怒火中烧，本想甩一巴掌吓唬吓唬，没想到孩子正好转过头来，一巴掌结结实实打在了孩子的左脸上。事后，孩子总说左耳不舒服，医学检查发现，孩子左耳鼓膜穿孔。

……

以上这些案例如果出现在电视剧中，观众可能都会觉得编剧编得太夸张了，但这些事情却实实在在地出现在新闻媒体中，让人不禁觉得现实比虚构更魔幻。

在航空安全领域有一个"海恩法则"，即"每一起严重事故的背后，必然有 29 次轻微事故、300 起未遂先兆以及 1000 起事故隐患"。借用海恩法则我们可以设想，尽管上述报道出来的是个案，但在个案背后，还有更多没有被报道出来的因为作业而产生的负面事件。

2. 数据告诉你：你不是一个人

家长辅导孩子写作业的问题不仅出现在社会新闻中，也出现在各种调查中，例如：

2019 年 12 月，《中国青年报》报道："根据某在线教育机构对 2 万名家长的网络调查，超九成的家长曾因辅导作业'情绪崩溃'，有四成家长在辅导作业过程中出现打骂孩子等失控行为。"

2021 年 12 月，据《现代快报》报道，江苏省家庭教育研究会副会长殷飞说："我们曾经做过调查，像低幼年级孩子的家长（辅导作业），一般 8 点半到 9 点钟以后，家长的情绪就容易崩溃，而初中生家长则在 10 点以后。"

2023 年 11 月，育娲人口研究智库发布的《中国教育内卷报告 2023 版》中指出，家长辅导孩子作业的时间正变得越来越长："根据北京大学中国社会科学调查中心发布的《中国家庭追踪调查》数据计算后发现，从 2010 年到 2018 年的这近十年时间里，小学生家长每周辅导作业的时长从 3.67 个小时，增加到了 5.88 个小时；初中生家长则是从每周 1.56 个小时，增加到了 3.03 个小时。"

这些数据说明，无论在时间长度上，还是在给家长带来的情绪负担上，辅导孩子写作业已经成了一个社会性问题。

二、作业辅导困境的三重来源

为什么家长辅导孩子写作业会成为一个问题？从宏观到微观、从社会到家庭，可能有以下三方面的原因。

1."内卷"的社会环境

大儒心理创始人、北京大学心理学博士徐凯文在谈到目前儿童青少年中心理问题高发的情况时曾说："如果 100 个孩子中，1 个孩子出现了心理问题，可能是孩子太脆弱；如果是 7~8 个孩子出现了心理问题，那么家庭需要做出改变；如果是 20~30 个孩子出现了心理问题，社会的大环境就要做出调整……就好像呼吸系统疾病的爆发，如果是因为雾霾造成的，那么不治理好雾霾就没有办法降低发病率，而治理好雾霾可能要比一千个、一万个呼吸科医生更重要。"

类似的，如果在很大比例的家庭中，家长辅导作业都成了一个问题，那么就可能与当前以"内卷"为特征的大的教育环境有关。

2. 学校布置作业不合理

在一些学校的教学工作中，存在着给学生布置作业过多过难、给家长布置作业等问题，这些问题从国家发布的相关文件中可以看到端倪，比如：

2021 年 4 月，教育部发布的《教育部办公厅关于加强义务教育学校作业管理的通知》中要求："严控书面作业总量。学校要确保小学一二年级不布置书面家庭作业，可在校内安排适当巩固练习；小学其他年级每天书面作业完成时间平均不超过 60 分钟；初中每天书面作业完成时间平均不超过 90 分钟。周末、寒暑假、法定节假日也要控制书面作业时间总量。"

2021 年 7 月，中共中央办公厅和国务院印发的《关于进一步减轻义务教育阶段学生作业负担和校外培训负担的意见》中要求学校："合理调控作业结构，确保作业难度不超过国家课标。建立作业校内公示制度，加强质量监督。严禁给家长布置或变相布置作业，严禁要求家长检查、批改作业。"

针对作业中存在的问题，近年来，教育界就如何改进开展了很多研究。有的教育期刊专门就如何布置个性化作业、分层作业进行专题探讨。也有专业人士指出，布置过多的作业以及侵占学生睡眠时间属于一种隐形的"师源性伤害"，会对学生的学业情绪和身心健康带来不良影响。

3. 家庭教育中的方法不当

一些教育界人士指出，对于作业，家长也存在一些误区，比如：

- 全程陪护，事无巨细包办代替，启发不足而直接给予结果，让孩子产生依赖心理；
- 态度不好，缺乏平等互动，采用"高压政策"，引发孩子的负面情绪；
- 由于家长自身水平或时间因素，无力参与，让孩子放任自流等。

在学校和家庭的双重压力下，孩子们也非常不容易。一位心理老师告诉我们：

我曾在心理课上让学生们画压力图，图中要画一个小人代表自己，在小人周围画出压力源，并标出压力影响的身体部位。

记得一名学生在小人的头上画了一座比小人大几倍的大山，上面写着"压力山大"，被压在山下的小人龇牙咧嘴苦苦支撑。

在写压力源的时候，不少学生会把"作业"列在其中，比如"作业多""作业好难"。至于作业压力对应的身体部位，不仅有头，还有手。有头是因为写作业让人头疼，那手呢？学生们告诉我写作业让手很累，如果要罚抄就更累。他们有一项英语练习，做错了要罚抄很多遍。一名学生向我展示他如何夹着两支笔同时抄，让我叹为观止。他说这不算啥，他们班最厉害的同学可以同时夹着四只笔抄。

在学生们写出的压力源中也有家长。

有时，"家长压力"对应的是头部，说明家长让孩子头疼。至于内容，有"家人的期盼""与家长交往"等。

有时，"家长压力"对应的部位是心，说明家长让孩子伤心了。而看内容，则有"作业写不完挨家长骂""考试不好家长烦""家长拿我与别的孩子比较，心灵受打击"，甚至有一名学生写的是："莫非……我不是我妈亲生的？"

三、五种迷思：家长关于作业的认知偏差

家长在孩子作业方面存在认知误区，其背后往往有家长的"迷思"——也就是采用单一因素、直线因果、非黑即白的思维方式，把复杂的问题简单化了。下面我们来对这些迷思做一些解析。

1."我要解决的问题就是知道该怎么辅导作业。"

在作业这件事上，我们习惯使用的说法就是"家长辅导孩子写作业"，好像家长要做的主要就是"辅导"这一件事，于是家长的困惑就是："我该怎么辅导孩子才能把孩子教会？"

有时，从提问中就可以看出提问者思维的盲区。

如果家长以为要做的就是作业辅导，就把这件事看窄了。一件事的影响因素往往不止一个，只考虑作业辅导这一个方面时，在不知不觉中，会忽略了其他方面。

在教育心理学的研究当中，家长参与孩子的作业有多种说法，比如"家长作业投入""家长作业帮助""家长作业支持"等。无论哪种说法，其中都包含多方面的内容，除了辅导以外，还有给孩子的作业提供合适的环境、给孩子的作业行为设立规则、帮助孩子学会安排时间、对孩子的作业过程进行管理、在孩子的作业中给予鼓励，等等。这些方面也对孩子的作业效果有着重要的影响。

2. "要想成绩好，就要多做作业。"

尽管现在很多家长支持作业"减负"，但也有一些家长依然觉得要想让孩子的成绩好，老师就要多留作业。在有的地方，教师甚至会因为少留了作业而被家长投诉。

一位家长这样说：

女儿"小升初"的时候，附近一所初中的招生老师和我们说："我们学校抓得紧，有晚自习，作业也留得多。"我一听就不选这所学校了。我知道有的家长觉得作业多是好事，否则老师也不会把这一点当作招生的优势条件来讲。

有些家长还会在教师留的作业之外，给孩子额外留"作业"，以至于在《教育部办公厅关于加强义务教育学校作业管理的通知》这一文件中，对家长还有这样一条要求："不额外布置其他家庭作业。"

为什么作业不是多多益善呢？研究发现，作业量、作业时间与学习成绩的关系比较复杂。有些研究发现在作业时间和学习成绩之间有正向的相关，但只是低水平的相关。也有研究发现两者之间无关，比如，一项对40个国家的学生的研究发现，在考虑了学生的家庭社会经济地位和学校质量的影响之后，在学生完成的数学作业量和数学成绩之间并没有相关性。在另一项研究中发现，作业时间是否能促进学生成绩要取决于学生是什么类型的学习者，作业时间对有些学生有促进作用，对有些学生则有反作用。还有一项对高中生的研究发现，在作业时间和学习成绩之间有倒U型关系，每周花7~12小时做作业的学生成绩最好，而每周花超过20小时做作业的学生和每周只花1~6小时做作业的学生成绩一样不好。

3. "我这么努力地为孩子好，孩子还不好好做作业，太对不起我了。"

在辅导孩子写作业过程中，让家长最容易情绪失控的就是，觉得自己"都是为了孩子好"，而且已经那么努力地去辅导了，但是孩子似乎并不领情，不能按照家长的期望好好做作业，比如东张西望，动不动就起来喝水、上厕所、吃东西，磨磨蹭蹭，一道题讲很多遍都不会，好像作业是为家长做的，等等。

在家长心目中，自己的良好意愿和努力就应该在孩子身上产生好结果，这是一种典型的直线因果的思维方式。

实际上，在意愿和结果之间并不是直接的因果关系，而是要通过至少两个中介因素才能发生作用，这种模型叫作"中介模型"，如下图所示：

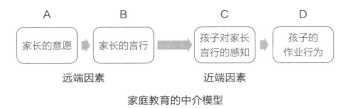

家庭教育的中介模型

在这个模型中，家长的意愿（A）是家长内在的心理活动，意愿外显为家长在孩子面前的言行（B），在孩子这一方，先是孩子对家长言行的感知（C），之后再根据对家长的感知来调整自己的行为（D）。

从人际互动的角度来说，一个行为的效果并不在于行为发出者的意图，而在于行为接受者的感知。家长的意愿肯定是好的，但在意愿转化为行动时可能已经有偏差了，比如家长希望养成孩子独立做作业的习惯，但采取的方式是过多的参与和唠叨。而孩子对家长的感知又受自身特点的影响，比如家长认为自己的言行只是"我稍微说了他一句"，但孩子的感知可能是受到了巨大的否定，并基于这种被否定感而在写作业行为上更加消极。

中介模型就好像综艺节目中那种"传声接力"的游戏，一个信息从发出者到最后的接受者，从 A 到 B 到 C 再到 D，每一步都可能会发生改变、衰减或扭曲，这是信息在传递过程中自然会发生的现象。

所以家长不必纠结于"为什么我的良好意愿孩子不领情"，想要在自己和孩子之间有个客观中立的"法官"来评判 A、B、C 到底哪个是"客观的"也很困难，因为每个人的看法都有主观色彩。

重要的是，对于结果 D 来说，最接近的影响因素是 C，就是"孩子对家长言行的感知"，这也是为什么 C 会被称为"近端因素"，而 A 和 B 会被称为"远端因素"。近端因素对结果的影响更直接、更重要。

既然如此，家长与其纠结到底是自己做错了，还是孩子的感知有偏差，不如多去倾听、理解和考虑孩子的感受，想办法通过自己的调整让 C 变得更优质。

换个说法，如果做作业是一个故事，那么这个故事的主角是孩子。家长作为大人，懂得再多、在孩子的生活中再重要，说到底也是配角，我们所做的一切都要通过孩子的内心感受才会起作用，所以我们需要思考的是如何在主角的故事中做一个真正有帮助的配角。

比如下面这位爸爸就在自己的良好意愿和孩子的感受当中找到了内心的平衡：

我从小父母都在外地工作，爷爷奶奶只能照顾我的生活，学习都是靠自己。所以我一直都很羡慕那些父母在身边的同学，心想如果有人陪我，那我肯定会高兴坏了。有了儿子之后，我决心要好好陪伴他，从小和他摸爬滚打，他和我挺亲的。他上学之后，我只要有时间都会尽量陪他写作业。我也在网上看到一些讲应该怎么陪伴孩子写作业的视频，比如不要坐得太近，要坐得远一点；不要一直盯着孩子看，可以做一些自己的事情；最好是看书，不要玩手机……我一直就是这么做的。我身边的哥儿们很少有像我这样陪孩子的，连我太太也夸我是"中国好爸爸"，她乐得省心。

现在孩子上到四年级，表现得越来越不愿意让我陪，有一次他甚至说："爸爸，你能不再监视我了吗？"我听了感觉很不是滋味，怎么我心中的温暖陪伴变成"监视"了呢？

后来我和一个朋友聊天，说起这件事，他说，我太理解你儿子了，我一想到写作业时家长在旁边陪着就感到窒息，我妈当年就是这么陪我的。我一下子明白了，原来我在儿子写作业时的陪伴只是我想要的，并不是他想要的，至少不是他现在作为一个四年级学生需要的。要不要陪、怎么陪，还是要以他为准。

4. "既然是好方法，在我家孩子这里就该好使才对。"

有一些家长或者通过看书学到了一些方法，或者找身边的家长"取经"知道了一些很好的招数，可不知怎么的，把这些方法、招数用在自己孩子身上，却不好使，这是怎么回事？

一种可能性是，这些方法和自己的孩子不匹配。

还有一种可能性，就是方法本身是与孩子匹配的，但是家庭中缺乏相应的支持性的环境。这里的环境，指的是家长一贯对孩子的态度以及和孩子相处的方式，也就是孩子感受到的家庭的整体氛围。

当家长与孩子的相处方式是积极、正向的时候，具体的教育方法才会得到积极的结果。教育方法、家庭环境和孩子行为之间的关系就像"橘生淮南则为橘，生于淮北则为枳"，橘种是教育方法，水土环境是家庭环境，结出的果子是孩子的行为表现，只有在良好的、适合的水土环境中，好的橘种才会结出好吃的果子。

在什么样的家庭环境中会"橘生淮北则为枳"呢？其中一种情况就是不和谐的家庭氛围。家庭治疗学派的心理专家盛晓春教授说："不和谐的家庭有一些共同的特征，就是不平等、不尊重、不沟通、不交流、不妥协、不好玩。"在这种情况下，如果家长想方设法变"招"，但相处方式和家庭氛围不变，孩子就会感觉家长"换汤不换药"。

比如下面这位妈妈所说的情况：

我儿子对作业就是个应付心态，不认真，错得多。我请教过一些"牛娃"的妈妈，用过一些招儿，比如让他在写作业前先看书复习，我如果有空就让他讲给我听，因为人家说最好的学习方法就是教别人。但是他非常不情愿，抵触情绪特别强。

在我们家，我老公属于那种"男人至死是少年"的人，几乎每天下班后都要打一两个小时游戏，周末能偶尔陪着儿子玩一玩就不错了，其他的是不管的。公公婆婆对孙子隔代亲，比较宠。所以"坏人"只能由我来做，我脾气是急一些，可你说他这都五年级了还这样，我能不急吗？

在这个例子中，家长提到的方法本身是好的，先复习再写作业确实有助于提升作业质量，但是家庭整体上不一致的教育方式以及家长比较急躁的状态，会让好的方法不能发挥出应有的效果。

5."我是管还是不管呢？真是两难啊！"

有一些家长在做出努力之后发现效果不好，就会问出"我是管还是不管"这样的问题，比如下面这位为孩子不写作业而着急的家长：

我并不想让孩子跟别人拼成绩，但我希望他能保持学习动力，明白自己对作业的责任，知道应该做什么并且执行下去，这个非常重要，但是孩子目前基本上处于"0"的阶段。我不能，也没有人能帮得了他。明明该写作业了，脑子是放空的，效率特别低，我怎么帮？我没让他多做作业吧？没有给他报那么多班吧?完成分内的作业怎么就不行?这要求很高吗?

有时候我都想放弃了。是不是我不管他,他就会自己成长,这样大家都会很开心?

家长在家庭教育中感到困难是很常见的,当家长自我怀疑时,可能会忽视孩子已经做到的部分,也会忽视自己所做的有效的部分。如果家长此时真的就完全"不管"了,不一定对孩子更好。

家长纠结"管"和"不管"时,相当于把"管"和"不管"当成了非黑即白的对立面,而这只是家长自己的一种观念。我们完全可以把"管"和"不管"作为一个"连续体",对当中的程度、分寸进行调整,找到最适合的点。

同时,当说到"管"的时候也需要思考,我们心目中的"管"具体指的是什么?有学者认为典型的中国式的家长教养方式就是"管"。在"管"里面,既包含情感上的关注、生活上的照顾,也包括学习上的训练、指导,行为上的规范、限制,以及设定榜样、标准等。一般来说,"管"是比"不管"——也就是忽视、放任好的。但同时,"管"也像一个筐,好多东西都在里面。要探讨如何用更好的方式"管"孩子的作业,就需要对"管"本身做细分、拆解。比如,俗语中说的"该管的管,不该管的别瞎管",就是指要把"管"的内容进行区分。

除了对"管"进行重新的思考之外,我们还需要有更好的思维框架来代替"管"。

正如在对各个迷思的解析中所谈到的那样,家长参与孩子的作业不仅涉及多种因素,还涉及多重的、复杂的因果关系,很难通过"三板斧"式的简单招数来立竿见影地解决。但我们还是有一些基本的框架和思路,或者说"底层逻辑",如果理解了会很有帮助。

在成都武侯祠有一副这样的楹联："能攻心则反侧自消，从古知兵非好战；不审势即宽严皆误，后来治蜀要深思。"意思是：如果能够使用"攻心"的方法让敌方心悦诚服，则反叛自然就会消除，自古以来善于用兵的人并不喜欢打仗；不审时度势的人，无论管理政务是宽松还是严格都会出问题，后来治理蜀地的人要深思明辨。

虽然本书谈的是教育，但我们可以借鉴这副对联中的两个字，一个是"心"字，一个是"势"字。

有些家长面对孩子，关注点不是"心"，而都是"行为"。比如这位家长：

我不管怎么办？他昨天晚上又打游戏到半夜，作业只写了语文和英语，数学肯定是今天早上去学校抄同学的，我能不管吗？我和他说什么他就顶嘴，根本就不想和我说话，一回家就把门一关，我怎么和他沟通？我态度已经很好了啊！我也在网上学了好多亲子教育的课程，就是什么招都不好使啊！我觉得现在只有一招了，就是给他断网，要不然我实在没有办法了。

如果仔细听这位家长的表达，说的都是孩子的行为，想的办法也都是在行为层面的，缺少对孩子的"心"——也就是内心世界——的感受与理解。是什么原因让孩子可以写语文和英语作业却不肯写数学作业，是不是学数学遇到了困难？孩子为什么会喜欢打这几款游戏，在游戏中他得到的哪些满足是现实生活中缺乏的？孩子是怎么感受家长的沟通意愿的，他希望的沟通方式是怎样的……

我们需要了解孩子行为背后的心理因素，真正能够"懂"孩子，从"心"出发去改善自己与孩子在作业中的互动。

而我们这里所说的"势"指的是规律，包括儿童与青少年心理发展的规律，孩子的个性特点以及心理、行为的规律、亲子沟通的规律、教与学的规律等。这些我们在后文都会逐一讲到。当家长理解、掌握了规律，依照规律去帮助孩子，就会感觉到"顺势而为"的顺畅感。那时候家长就会发现，原来孩子做作业，家长不必那么难。

本章小结

1. 家长在辅导孩子写作业方面遇到的困难，和社会、学校以及家庭教育等多方面的因素有关。

2. 辅导作业不是家长作业参与的唯一方式，还有其他方面需要关注。

3. 家长的作业参与和孩子的作业效果之间有复杂的关系，好的意愿和好的方法并不必然带来好的结果。

4. 了解在作业过程中相关的心理因素，理解相关的规律，有助于家长采用更适合的方式参与孩子的作业。

"作业支持系统"：
给孩子的作业搭建脚手架

请赐我宁静，去接受我不能改变的一切；

赐我勇气，去改变我所能改变的一切；

并赐我智慧，去分辨这两者的不同。

——雷茵霍尔德·尼布尔，《宁静祷文》

一、关于作业，那些你可能想不到的事

教育心理学研究的就是"教与学"的规律，通过研究帮助教育者了解该如何审时度势、顺势而为，促进学习者的发展。

从 20 世纪 60 年代开始，就有研究者开始关注家长教育投入的问题，探讨家长应该如何参与孩子的教育，比如什么样的因素会促进孩子的学习，什么样的因素会阻碍孩子的学习。通过多年的研究，学界逐渐达成共识，就是家庭因素对孩子的学业成就很重要，主张促进家校合作，这推进了政府层面对家庭教育的重视。1983 年，美国"国家优质教育委员会"首次将"促进家长教育投入"列入教育改革的重要目标之一。

我国也在家庭教育和家校合作方面开展了很多研究和实践工作。2021 年，我国颁布了《家庭教育促进法》，其中第 16 条第三款指出，家长应该"帮助未成年人树立正确的成才观，引导其培养广泛兴趣爱好、健康审美追求和良好学习习惯，增强科学探索精神、创新意识和能力"。

经过几十年的历程，学界在家长教育投入方面积累了大量的研究，其中也有相当一部分和作业有关。有一些有意思的研究结果值得一提。

1. 作业既有积极作用也有消极作用

一般来说，作业对孩子的发展有积极的作用，但是一些消极作用也存在。有研究对这两方面进行了汇总。

在积极的方面，作业可以促进学生对知识的掌握，促进概念认知、提升思维能力和信息加工能力，还可以促进学生的自律、时间管理、独立解决问题的能力，等等。

在消极的方面，作业可能会让学生失去对学习的兴趣，感到身心疲惫，减少放松娱乐和社交活动，影响亲子关系。有些学生还会为了应付作业而出现说谎、欺骗等负面行为。

所以，我们需要尽量发挥作业积极的作用，减少消极的作用。

2. 作业有助于提高学习成绩，但不必夸大

在心理学里，有一种研究是"对研究的研究"，就是将大量研究的结果进行汇总分析。在这样的研究中，总体上都发现作业和学业成绩有显著的正向相关，这说明作业可以促进学业成绩，但这种相关是低水平的相关，这说明作业对成绩的作用没有那么大。

比如，一项研究对 1987 年至 2003 年之间的研究进行了汇总，发现在 72% 的情况下作业和成绩之间有正向的关系，在 27% 的情况下则有负向的关系。总体而言，作业和成绩之间有低水平的正向关系，相关程度在 16%~24% 之间。

还有一项研究对 1986 年至 2015 年这 30 年间的研究进行了汇总，探讨数学和科学作业与学业成绩之间的关系。结果同样发现，在作业和成绩之间有低水平的正向关系，总体的相关程度是 22%。研究还发现，在采用作业的"质量"指标（如作业完成率、作业等级、作业努力）时，作业与成绩之间的相关程度较高；在采用作业的"数量"指标（如作业时间、作业频率）时，相关程度较低。

所以，作业确实有助于提升孩子的学习效果和学习成绩，但也不必把作业的作用过度夸大。而且，作业的"质量"比"数量"更重要。

3. 家长作业参与不一定能提高孩子的学习成绩

2014 年有一项研究发现，总体而言，家长教育投入和学生学业成绩之间的关系是正向的，也就是说家长参与孩子的学习和教育会促进孩子的学业成绩提高。

研究者还比较了家长教育投入的各种方式与学业成绩的关系，结果发现，在这些方式中，最有效的是家长**教育期待**，就是家长对孩子未来的教育水平有积极的预期，而效果最不确定的则是家长对孩子作业的参与——在家长作业参与和孩子学业成绩之间不但没有正向的关系，在有些情况下反而还有负向的关系。研究者认为，这是因为家长没有受过相关的培训，缺乏有效的方法。

2015 年的一项研究对 2000 年以后的家长教育投入研究进行了分析，结果发现，对孩子学习成绩最有促进作用的是：

- 家长的教育期待；
- 家长和孩子就学校活动保持沟通；
- 帮助孩子养成阅读习惯。

而家长作业参与和孩子的学业成绩之间只有很弱的正向关系（2.4%）。

4. 家长过度的作业参与可能影响孩子的学业成绩

在多项研究中，家长作业参与的频率与孩子不佳的学业成绩相关。

比如，在一项涉及 21 个国家的跨国研究中发现，在参与研究的所有国家中，家长对孩子作业的频繁帮助都与孩子较差的阅读成绩相关。

有研究者分析，家长对作业较多的参与并不见得"导致"了孩子不良的成绩，而是孩子不佳的成绩会促使家长更多地参与作业。但是，这种参与的效果不见得会好。例如，有一项追踪研究发现，当小学一、二年级孩子的阅读和数学成绩较差时，家长会对孩子的作业做更多的辅导和监督。但是，辅导越频繁，孩子后续的成绩反而会越不好。研究者分析，这可能和家长的作业辅导质量不高有关。

5. 家长作业参与的"质量"胜于"数量"

为什么家长作业参与的效果不好？

有研究者认为，对家长作业参与不能一概而论，而是应该区分参与的"数量"和"质量"。在数量方面，并不是家长参与次数越多，孩子成绩越好。在质量方面，当家长的参与被看作是积极的、支持性的时候（如"当我在作业中遇到困难，我的家长设法找出我到底哪里不懂"），会对孩子的学习有正面的影响；当家长的参与被看作是消极的、侵入式的时候（如"当我阅读文章时，我的家长总是用提问打断我"），则会产生负面的影响。

那么，对于作业，什么样的参与是高质量的呢？

家长高质量的参与有这样的特征：

- 家长的参与是支持孩子的自主性的，而非控制式的；
- 家长的参与伴随着积极的情感，而非伴随着消极的情感；
- 家长对孩子的潜力持积极信念，而非持消极信念；

- 家长的参与是孩子需要的、愿意接受的，而非违反孩子意愿的、"不请自来"的；
- 家长的参与在父母双方是一致的，而非各执一词的。

所以，要有效地参与孩子的作业，家长需要为孩子提供高质量的支持，而非高频率的帮助。

在以上这些高质量的支持方式中，家长给孩子的**自主性支持**尤其重要。

二、"心理富养"的孩子，作业更自主

现在，越来越多的家长开始重视促进孩子的自主性发展，"内驱力"已经成了一个常见词汇。在写作业过程中，有更高水平自主性的孩子能够更加积极主动地完成作业，作业的效果也会更好。

要构建一个支持孩子自主性发展的"作业支持系统"，我们首先需要对与自主性有关的概念和理论有所了解。

1. 自主不等于独立

我们常常把"自主"和"独立"连用，其实自主和独立的含义是不同的。对"自主"和"独立"的误解，会让有的家长对孩子过度保护，也会让有的家长不能给孩子提供所需的帮助。

自主不等于独立。**独立**是指完全依靠自己完成任务，但在上学后相当长的一段时间内，孩子不能完全独立地完成作业，需要家长帮助，这不等于没有自主性。

自主性指的是孩子在学习过程中有一种"我在做主""我在掌控这件事

情"的感觉，孩子可以按照自己的意愿学习，由自己主导完成，实现自己设定的目标。促进孩子在作业中的自主性，不等于在条件不具备时立即让孩子完全独立地做作业。当然，如果家长一直采取自主性支持的方式，孩子也确实能更早地在完成作业任务这件事上实现独立。

有的家长忽视了孩子具有的自主能力和对自主性的需要，就会对孩子过度控制，妨碍孩子的发展。比如，在一部叫作《以家人之名》的电视剧中，一位妈妈这样谈自己的"教育思想"："在物质上不亏待孩子，但是在教育上，绝对不能溺爱孩子。孩子很难有学习的主动性，所以，一定不能放松警惕。我们作为家长就要监督孩子、督促孩子。"这位妈妈把支持孩子的自主性当成了"溺爱"，把过度的监督和掌控当成了积极的参与，导致了亲子之间的冲突。视频网站在播放到这一部分时，弹幕上有很多观众表达了共鸣，比如"跟我妈一个样""像极了这些年和父母抗争的自己""孩子的人生只能建议不能掌控"，等等。

另一方面，有些家长以为要培养孩子的自主性就什么都不要帮。实际上，在方法得当的情况下，家长的帮助并不会损害孩子的自主性，也不会让孩子形成对家长的依赖。

2. 自主性包括自主动机和自主能力

在学习和写作业时，自主性首先指的是有**自主动机**，这和我们常说的"内驱力"意思相近，就是孩子想去自主地做作业。

自主性的另一方面指的是自主的能力，也就是孩子有能力去自主地做作业。这个能力就是"**自我调节能力**"。在写作业时，具备自我调节能力的孩子可以更好地进行自我管理，如自主地设定作业的目标，自己安排作业的计划，在过程中采用合适的策略，在遇到困难时可以进行自我调整和自我激励，并且在完成作业后可以进行自我反思和评价。

需要指出的是，孩子的自我调节能力是一个独立于智商之外的、对学业成绩有促进作用的因素。如果用打牌来打比方，孩子的智商高相当于抓到一把好牌，而自我调节能力高相当于打牌的技巧高，能让手中的牌发挥出最大的效力。正因如此，"自我调节学习"也是近几十年教育心理学研究的一个重要领域。

研究发现，从小学到大学，学生的自我调节能力与积极的作业行为有显著的正向相关。优秀的学生在作业中会善于应用自我调节的策略，随着年龄的增长，自我调节能力也相应提升。而不良的自我调节能力则会带来作业中的问题行为，比如拖延、自我阻碍等。

有自主性的孩子会在学习中主动采用最适合自己的方法，不人云亦云，比如一个高中女生这样处理自己作业中的错题：

我觉得学习时不需要"假装努力"。比如作业中的错题，很多人介绍学习方法，都说你需要有一个错题本来整理错题，但我觉得这个方法并不好。要有错题本，就得把题目再抄一遍，我们现在这么忙，这就是耽误时间。然后还需要按照错题的类型做整理，可是很多错题并不能被归类。

我的方法就是在作业本的原处订正错题，把重点用记号笔标出来，圈圈画画就可以了。如果作业本的地方不够，我就贴一张纸夹在里面。卷子也一样，错题也在原处订正。到了考试前，把作业本和卷子看一遍就好了。当然这样做有一个前提，就是得把卷子整理好。我看有的同学就把卷子胡乱塞在大书包里，找卷子的时候一通乱翻。

3. 心理需要满足可以促进自主性

那么，家长该如何促进孩子的自主性呢？

从 20 世纪 80 年代到现在有一个理论很热门，叫作"自我决定理论"，是由美国心理学家爱德华·L·德西和理查德·瑞恩联手创立的。这个理论重视人的主动性，在很多领域都得到了大量实证研究的支持，也得到了广泛的应用。

根据"**自我决定理论**"，当外在环境能够满足人的基本心理需要时，人的自主性就会得到促进和发展。

人有三种基本心理需要，分别是关系需要、胜任需要和自主需要。这三种需要是人类普遍的、基础性的需要，因此被称为基本心理需要。

关系需要指人有和他人保持良好的人际关系的需要。要满足孩子的关系需要，家庭中需要有良好的亲子关系和积极的情绪氛围。

胜任需要指的是人对所做的事情有胜任感，体验到自己能力的实现。在家庭中，孩子需要感觉到"我能行"，觉得自己有能力完成自己想做的事情，而家长也认可孩子的能力。

自主需要是指人对所做的事情需要有一种自主选择感，而非受到他人控制的感觉。在家庭中，孩子需要家长给自己自主的空间，可以自主安排自己的事务。

对儿童与成人的大量实证研究发现，基本心理需要的满足可以激发人在学习、工作时的自主动机，促进人有效的自我调节，有利于提高学业成绩、助推工作绩效，提升心理健康水平。

对学生来说，心理需要得到满足的学生总体学习投入的程度更高，在具体学科的学习投入水平也会更高，更适应学校，学业成绩也会更好。具体到写作业上，心理需要得到满足的学生会有更强的自主作业动机、更高水平的自我调节能力、更好的作业表现。

社会上有一种关于"男孩要穷养"，女孩要富养"的说法，对于这种说法本身我们不做讨论。但在这里我们可以借用"富养"的说法，但内涵指向心理方面。心理上的"富养"，就是要充分满足孩子的心理需要，让孩子感觉到自己是可爱的、是有能力的、是能够自主的。一个在心理上被"富养"的孩子，会有更丰沛的生命力，也就更有自主性。

有些家长觉得，随着家庭物质环境的丰裕，自然会给孩子营造出更好的教育环境，不理解为什么现在的孩子有这么多的问题。其实外在环境的改善并不必然带来内在心理需要的满足，物质丰足的孩子也可能在心理上被"穷养"了，比如亲子关系不佳、能力得不到锻炼和肯定、没有自主的空间等。如果我们想让孩子成长得更健康、更自主，就需要给予孩子充分的心理上的滋养。

有一位家长通过养花对教育孩子有了这样的感悟：

我最近开始养花，因为没养过，专门找网上说的那种好养活的花养。买回来的时候，卖家还很贴心地给每种花写一个标签，上面标着花的名字，写着该怎么养，比如"喜阳，10℃~30℃，宁干勿湿，标准（肥）"，或者"半遮阳，10℃~25℃，勿干燥，喜肥"，主要就是阳光、温度、水分、肥料这几个因素。

有指导总比没指导要好，但我毕竟是新手，养得不好的时候植株就很蔫巴，养得好的时候看起来就很支棱，还会开花。

想想养孩子和养花也有相通之处。我属于那种"照书养"的家长，现在老大到了青春期了，又不太好管教了。都说青春期的孩子需要自主，我最近就在读关于"自主教养"方面的书，知道了"心理需要满足"的说法。孩子心理上的需要，不就像植物需要的阳光、温度、水分、肥料吗？

想起来，大人们会像盯着植物一样盯着孩子："你看你，怎么不像隔壁家的植物长得那么茂盛？叶子也不伸展，该开花时也不开，我花费那么大力气怎么你就长不好呢？"

可那植物也很委屈："我快渴死的时候你不浇水，要不就是忽然想起来浇很多；我喜欢晒太阳你却把我搬到背阴的地方，还说是怕把我热到。现在却说我没长好，可我已经很努力了啊！"

所以养孩子也是这样，家长给的得是孩子需要的，要不然做得再多也不过是一种自我感动。教育孩子的时候也要逐渐摸索，就像养花的指导也只是个大概，具体怎么做，还是要在日复一日中逐渐找到最合适的方式。

三、每个孩子都需要的"作业支持系统"

在辅导作业这件事上，家长可以为孩子搭建一个"作业支持系统"，这个支持系统中有三个维度的支持：基础性支持、结构性支持和自主性支持。这三个维度的支持基本对应的就是自我决定理论中的关系需要、胜任需要和自主需要。这三个维度的支持就好像脚手架一样，为孩子的作业提供高质量的帮助。

1. 基础性支持

谈到作业，家长往往急于解决"我到底该怎么辅导"的问题，但是在解决这个问题之前，还有很多基础性的问题需要解决。

亲子关系是家庭教育的基础，其重要性无论怎么强调都不为过。如果亲子之间的关系和感情出了问题，那么所有教育方法、策略都是无本之木、无源之水。具体到作业问题上，这就涉及作业中的情绪问题，良好的**作业情绪**可以促进孩子在作业中的思考和投入，所以家长需要给孩子提供足够的情感支持。在有良好的亲子关系和积极的作业情绪的基础上，还需要培养孩子的**作业责任感**和自主的**作业动机**。

家长在以上这些方面给予孩子的支持就是"基础性支持",主要对应的是满足基本心理需要中的"**关系需要**",也有一些部分涉及胜任需要和自主需要的满足。

我们在生活中可以看到,当家长过于关注孩子的学习和作业时,会忽略了对孩子爱的表达,让孩子感觉不到家长的情感支持。结果孩子会以为家长只在意他的作业、学习、成绩、排名以及未来的成功,而不在意他这个人本身。这样孩子会觉得自己的价值全部系于学习成绩如何,心里就没有"底儿"了。

当孩子遇到困难、感到困惑时,他们所感知到的来自父母的爱永远是最坚实的基础。在电影《沙丘》中,国王对儿子说:"一个伟大的人并不追求成为领袖,他被命运召唤,他响应了召唤。如果你不愿意成为领袖,你也同样是我唯一需要你成为的人——我的儿子。"

2. 结构性支持

在有良好的基础性支持的前提下,我们就可以探讨如何帮助孩子做作业了,这就是家长在作业中"教"的部分。

教师的工作就是"教",我们可以通过观察优秀的教师,了解怎么教是最有效的。优秀的教师可以给学生提供"结构性支持"。

在学校,学生在学习中需要在两个方面建立"结构":

第一是在"内容"方面,对所学的知识建立结构,在头脑中逐渐形成学科知识的框架,让自己的思考有清晰的思路。

第二是在"过程"方面,对自己的学习行为建立结构,让自己的行为有章可循,比如该如何准备上课,如何遵守课堂纪律,如何专心听讲,如何进行小组讨论等。

对于这些需求，优秀的教师会在以下两个方面给学生提供支持：

第一是在教学过程中进行高质量的讲解、指导、帮助、反馈，在必要时提供一步一步的示范，或者提出启发性的问题，帮助学生掌握学科知识，获得学科能力。

第二是给学生的学习行为提供适当的、明确的规范，通过课堂管理确保教学活动有条不紊地进行。

以上这两个方面都属于教师对学生的"**结构性支持**"。结构性支持的关键词是"清晰"，这意味着教师对教学内容的讲解是清晰的，给予学生的行为规范也是清晰的。通过这种清晰的教学和课堂管理，学生能够掌握知识，提升能力。这也是为什么结构性支持对应的是满足基本心理需要中的"**胜任需要**"。

与清晰相反的，就是混乱。如果老师讲得不清楚，学生的头脑就会混乱；课堂规范如果不清晰，教学秩序就会混乱，都不利于学生的学习。

借鉴教师的结构性支持，家长在孩子的作业中该如何做呢？这同样涉及以下两个方面：

第一是在"内容"方面，就是家长对作业内容的"**辅导**"。当孩子在作业中遇到困难时，需要家长帮助他们解决问题，并传授解决问题的方法。

第二是在"过程"方面，对孩子作业过程中的行为给予"**规范**"。在家里的行为规范不需要像在学校那么严格，但也需要有章法，让孩子养成良好的作业习惯。

关于作业的规范，有时家长会明确地给孩子"立规矩"，有时家长没有刻意地去教，而是在潜移默化、自然而然中，让孩子形成了习惯。当家长给孩子提供稳定、有常规、可预测的家庭环境，给孩子的作业安排适宜的空间和时间，让孩子在其中感到安心、有章可循，这些也是给孩子作业的结构性支持。

在规范方面有一个领域特别重要，就是帮助孩子在写作业过程中做好时间管理。时间管理属于自我调节能力的一个方面，对孩子的学习和发展有积极的作用。

3. 自主性支持

有些家长对孩子的抱怨并不是不写作业，而是在写作业上"不主动"。你推一推，他动一动；你不推，他就不动。看着孩子不上不下的学习状态，你着急，他不急。你气不打一处来，他无辜地看着你，表情可能还很委屈，这些孩子缺乏的就是作业中的自主性。

孩子如果缺乏自主性，其表现往往不仅在写作业这一件事上，而是会体现在生活的方方面面。在很多家庭中，自主性几乎是家长思考的一个盲区，这可能因为家长在观念上没有把孩子看成一个独立于家长的个体，过分强调听话、服从的价值。比如一位爸爸就说："我儿子现在太有主意了，不听话了，让他往东他偏往西。这才多大啊？这哪行？我的做法就是把他'镇压'下去。"这就属于不尊重孩子的自主性。实际上，"不听话"很可能是孩子自主性发展的表现，需要的是引导而不是打压。

自主性支持对应的就是满足基本心理需要中的**"自主需要"**。在基于自我决定理论的大量实证研究中，包括在东亚地区以及在我国的研究中，都证实了自主性支持的积极作用。

那么家长该如何对孩子的学习给予自主性支持呢？自我决定理论的创立者德西和瑞恩提出了以下几个方面：

- 认可对方的感受；
- 考虑对方的观点；

- 对对方的表现给予恰当的反应；
- 鼓励探索；
- 提供选择；
- 提要求时，让对方感觉到有选择和控制；
- 建立关联，提供完成枯燥任务的意义。

在后文中，关于对孩子作业的自主性支持，我们主要探讨了三个方面，即鼓励、给予选择、建立关联。

自主性支持对于孩子的成长很重要，不仅有学习方面的原因，还有心理健康方面的原因。自主性支持固然是教育领域的方法，但教育问题如果处理不好，就可能会演变为心理问题；心理问题如果处理不好，就可能演变为精神问题。

四、要自主还是要规范？把两者对立起来就搞错了

1. 搞清概念，才能不被信息轰炸

一些关注家庭教育的家长常常会被各种信息"轰炸"。比如今天看到一篇文章，说应该"放养"，顺其自然，不要拔苗助长，给孩子快乐的童年；明天又看到另一篇文章，说"快乐教育"误人子弟，孩子还是需要从小学会刻苦努力，该"卷"还是要卷。看上去都挺有道理，但看了之后更加无所适从。

在生活用语中，我们往往说的是含糊的概念，不是确切的、科学的概念。比如"放养"，那么"放养"到底是什么，是自主性支持吗？

在生活中，"放养"有时是指一种**放任**的状态，比如不管孩子作业写不写，

写得好不好，课堂学不学，我都不管，反正他总会长大的，自己慢慢就会整明白的，这个叫放任。还有的情况下，"放养"指的是**忽视**，比如孩子听写需要有人帮忙，或者需要家长帮助使用电脑查询资料，但家长不理睬，这就是忽视。放任和忽视都不是自主性支持。

对于这些不同的教育理念，特别需要清楚的是里面讲的概念到底是什么。比如推崇尊重孩子身心发展规律、给予孩子空间的文章，通常是在提倡给孩子"自主性支持"；而那些主张要给孩子立规矩、形成努力的品质和良好作业习惯的文章，实际上主张的是"结构性支持"。但是在社会公共空间的讨论中，我们往往把这两方面对立起来，似乎是非此即彼、不可兼得的，真的如此吗？我们是否只能陷在这种两难选择之中？

2. 结构还是自主，可以两个都要

在教育中还有一些两难选择，比如应该支持素质教育还是应试教育？应该尊重孩子的兴趣还是要基于社会现实来帮孩子进行生涯规划？

在有些特定的情况下，它们确实是两难选择，但在另一些情况下，未必。只是我们头脑中有一个"两难选择"的模板，把不同的选择非此即彼地对立了起来。而实际上，生活中存在着"两个都要"的选择，也存在着创造性的第三选择。

对于"要结构还是要自主"，我们往往从直觉上会认为这两者是对立的。这种想法很自然，因为学界在最早开始研究结构和自主时，也认为两者处于**对立关系**，是同一维度的两极。那时研究者认为结构性支持与自主性支持彼此矛盾，当教育者提供结构时会妨碍选择和自发性，而支持自主性又会对规则、结构造成损害。

但后来这类主张被质疑。新一代的研究者认为，在支持"对立关系"的观点中，实际上将自主性支持理解为放任自流、缺少指导，又将结构性支持

理解为对自主性的限制，但这并非两者的本意。

后来的研究者越来越倾向于认为结构与自主是两个不同的维度。结构性支持不等于强制，而自主性支持也不等于放任，两者不是非此即彼的对立关系。

研究者们在厘清了概念后进一步指出，和自主性支持处于对立关系的是"强制"，而和结构性支持处于对立关系的则是"混乱"。"强制"是指过度的控制，是对人施加不必要的压力，是对个人自主性的侵入、阻碍、限制。而"混乱"不仅仅指缺乏结构性支持，还是指教育者提供令人困惑的或自相矛盾的信息，不能传递清晰的规范和指导，不能为完成任务提供清晰的方法，让人感觉混乱。

实证研究也支持"非对立关系"的观点。对家庭教育的研究也发现，家长的自主性支持和结构性支持是两个不同的、相对独立的维度。

甚至还有研究发现，结构性支持和自主性支持不仅不对立，两者之间还存在正向的相关性。

我在对小学中高年级和初中学生的调查中发现，孩子感知到的家长的"自主性支持"和"结构性支持"正向相关，而"强制"和"混乱"正向相关。

两种"支持"的正向相关说明当家长在结构性支持方面处于较高水平的时候，在自主性支持方面的水平也会相对较高。这进一步说明，对于结构和自主，成年人完全可以两个都要，而且很多善于教育孩子的家长也是这么做的。

但"强制"和"混乱"的正向相关初看有些令人困惑，因为强制看似是强化规范的，应该与结构性支持有正向相关才对。进一步分析发现，"强制"中更多体现了的家长的主观性和随意性，可以说是一种"人治"，比如"在我写作业时，父母总是命令我""父母认为按照他们的方式写作业才是唯一正确的方式""父母给我完成作业施加了很大的压力"。而这些方式很可能会让孩子感觉混乱，比如"父母不能给我提供完成作业必要的信息""父母对于我写作业时应有的行为说得不清楚"。相反，结构性支持可以说是一种"法治"，是清晰的，有章可循的，比如"父母会给我清楚的建议和指导""对于我该如何写作业，父母有清楚的规则和要求"。

3. 要结构也要自主，在作业中请这样做

既然结构和自主可以两个都要，那么如何做到两个都要呢？研究发现，只要方法得当，就可以发挥结构和自主的"协同效益"，具体的做法是：

- 提供清晰的规则，规则要简练，用语要简洁，不要过于烦琐；
- 提供关于完成任务的明确的、具体的指导。

当具备以上条件时，参与者会感觉自主性得到促进，对任务的不确定性感会下降，感知到的任务的结构性和可预测性会上升，进而完成任务的坚持性、创造性、合作性都会上升。

家长在参与孩子作业时可以借鉴这个研究的结果，在规则方面减少过度琐碎、啰唆的要求，在需要给孩子讲解时，要讲得清楚明白。

总之，结构性支持不是强制、过度控制；自主性支持也不是混乱、忽视或放任自流。这两者并不矛盾。给予孩子规范和应有的指导并不会伤孩子的心，恶劣的态度才会；支持孩子的自主性也不会让孩子成为"熊孩子"，忽视和放任才会。在以往的观念中，我们往往误读了结构（规范）和自主的本意，进而又把它们对立了起来。事实上，我们完全可以改变这种非此即彼的思维模式，做一个"温和而坚定"的父母；孩子也完全可以在既有结构又有自主空间的环境中成长，既身心健康又有应对未来挑战的硬核实力。

本章小结

1. 作业的质量比数量更重要。

2. 家长作业参与的质量比数量更重要。

3. 三种基本心理需要（关系需要、胜任需要、自主需要）得到充分满足的孩子更可能在作业中有自主性。

4. 高质量的作业支持系统包括基础性支持、结构性支持和自主性支持三个维度。

5. 结构性支持和自主性支持不是对立的关系，而是可以发挥协同效益。

PART

其实孩子可以自己做作业：
自主高效做作业的心理法则

第二部分
建立积极的作业心态：
基础性支持

作业情绪：
"先处理心情，再处理事情"

仅有爱没有意志，爱便失去力量；但没有爱，意志就只是徒然的坚硬。

——萌萌，《升腾与坠落》

作业实景

一个本子找不到了，怎么会激起我那么大的情绪

周日我辅导儿子东东做英语作业。我们一起读了一篇英语阅读，然后我让他把一些单词和句子抄在"英语积累本"上，但是他怎么都找不到这个本子了。

本子是老师要求大家准备的，上面抄了很多课内课外积累的词汇，用了很久，记了不少东西。我觉得任何一门知识的学习都重在细水长流，也经常帮着他在上面记。

他找遍了书架、翻遍了书包还是没有。我问他："你想想到底放哪里了？"他说："我不知道呀，又不是我放的。"

我听了就很生气。本来我们计划得好好的，做完英语作业一起下楼玩儿，但是我现在辅导作业的心情没有了，玩儿的心情也没有了。我努力克制自己不爆发出来，压着声调，冷冷地对他说："不做了！你自己去玩吧，我不想去了。"

我把手表给了他，告诉他一小时以后自己上来。他问我可不可以玩一个

半小时，我没好气地回答他："只能一个小时！"

东东出门后，我一个人坐在家里什么也不想做，越想越生气。其实我也搞不懂，为什么这样一件小事会激起我那么大的情绪？

一、我们为什么需要积极的作业情绪

1."我做不到啊！"

东东妈妈的脾气已经相当好了。比如我在朋友圈就曾看到以下内容：

楼上震荡着一位老母亲歇斯底里的怒吼：

"就知道玩！"

"作业到现在还没做完！你要怎样！"

"不要再废话了！赶快写！"

也有朋友说，自己亲戚家的典型辅导作业的场景是：这一边，搂不住火的爸爸在房间里训儿子；那一边，心疼孙子又看不过眼的爷爷在房间门口训爸爸。负向情绪在祖孙三代间传递。

很多家长也想耐心地对待孩子，可就是控制不住。就像有的家长说的："我也知道辅导作业时要态度好啊，可是做不到啊！"

不过，所谓的"做不到"，也不见得是真的完全做不到。同样的父母，如果在对孩子发火的间隙接到工作电话，也可以瞬间变脸，立刻换了态度和语气。所以这个调节情绪的能力多半还是有的，只是没有用出来。

用不出来有两方面的原因，一方面是没有真正重视，另一方面是在家长这个位置上缺乏合适的方法。所以我们先谈谈为什么要重视情绪的作用，再来探讨调节情绪的方法。

2. 积极情绪让学习更有效

有的家长在孩子辅导孩子作业时不太注意自己的态度，是因为打心眼里觉得自己和孩子的情绪好不好并没有那么重要，比如：

"反正我是为了你好，发发脾气也没有关系。"

"就算我的态度不好，但只要把这道题给你讲会了不就得了。"

"只要把孩子辅导会了，能让孩子成绩好，即使孩子现在不高兴也没关系，等他长大了自然就会理解我了。"

这些都属于家长的认知误区，事实是，情绪对学习有重要的作用。

我们先来看下面这张图：

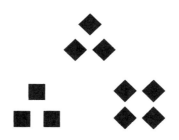

总体－局部特征匹配任务

请你看一看在下边这行的两个图形中，哪个图形和上面的图形更像？

这个问题当然是没有标准答案的。有趣的是，研究发现，人在体验积极情绪时更倾向于将左边的"品"字形和上面的图形相匹配；而在有消极情绪的时候更倾向于觉得右边的四个"方片"和上面的图形更匹配。

为什么答案会如此不同呢？原因是人在情绪好时更倾向于关注事物的整体特征，左边图形在整体结构上与上面的图形更像，所以人在情绪好时更容易选择左边的图形；而人在情绪不好时更倾向于关注事物的细节，也就是俗语所说的"钻牛角尖"，所以情绪不那么好时更容易选择右边的图形。

研究发现，消极情绪会增强人对特定刺激的反应倾向。就像我们远古的祖先，如果遇到猛兽，产生了恐惧、愤怒等负面情绪，就会激发起"战斗或逃跑"的本能反应，让自己更容易活命。在今天，一些家长之所以会习惯于采用批评、惩罚等负面方式让孩子"长记性"，大概是发现这样的方法在一定程度上有效，即孩子在负面情绪下，确实会对特定事物和细节产生深刻的记忆。不过采用这种方式需要谨慎，用得不好或者用过度了可能真的会像俗语所说那样，孩子越骂越笨。

学习中对做错的事情"长记性"就够了吗？远远不够，因为学习并不仅仅需要记住特定的东西，更包括思维的整体性、开放性和流畅性，而后者是积极情绪才能引发的。可以想象，远古的某一天，我们的祖先漫步树林，阳光正好，小鸟鸣唱，在这种美好的场景下，心情愉快的他也许就发明了某个合手的工具，或者绘制出了美丽的彩陶。我们自己也有这种体会：心情好时更容易想出好点子。

国内外近年的实证研究发现，积极情绪可以让人有更好的学习状态，比如能让人的心理资源更丰富，注意力关注的范围更宽广，更关注整体，解决问题的思路更宽，有更强的记忆力、更流畅的语言能力，对信息更开放，更有创造性，等等。

3. 积极情绪促进良好的作业行为

在做作业的时候，情绪同样影响着孩子学习的过程和结果。孩子在做作业过程中的情绪体验叫作**作业情绪**。它可能是积极的，有享受、骄傲、好奇、沉浸等；也可能是消极的，如愤怒、焦虑、无聊、厌烦等。研究发现，积极的情绪可以使孩子做作业时更努力，完成情况更好。

孩子和家长之间的情绪会互相影响，孩子做作业时，家长也有情绪，这被称为**家长作业情绪**。它可能是积极的，如开心、关爱、温情等；也可能是消极的，如烦恼、生气等。当家长和孩子在情绪上有良性的互动时，孩子的作业表现会更好，家长对孩子作业的参与、辅导也会更有效。

二、"关心则乱"：家长的教育焦虑

1. 焦虑已经是当下普遍现象

不少家长感觉很难在辅导孩子作业的过程中保持良好的情绪，不单是作业，在对孩子进行家庭教育的全过程中都感觉焦虑。

共青团中央和中国青年报社调查中心在 2021 年开展了一项关于全国义务教育阶段学生家长对"双减"政策态度的调查，对全国 51 万家长的调查结果显示，在孩子的教育问题上，87% 的家长感到焦虑。这说明，家长的**教育焦虑**是一个普遍的现象。

家长到底在焦虑什么呢？我曾在北京某初中进行过一个家长小调查，收集了家长最为担忧的问题，结果发现，31% 的问题是与学习和成绩相关的担忧，14% 的问题是关于学习时间和自律方面的担忧，16% 的问题是关于手机和网络方面的担忧，这三部分说到底都和学习相关，加起来约占六成。

2. 为什么会"关心则乱"

有一个说法叫"关心则乱"，是说过度的关注不利于我们解决问题——这种状态正好符合负面情绪的特点，即负面情绪会使人的感知和思维范围变得狭窄，过于关注细节，钻牛角尖。

我们来做一个"三个圈"的绘图活动：

（1）请你在纸上画第一个圈，也是最大的一个圈，代表你自己的全部
　　　生活。

（2）在第一个圈内再画一个小一些的圈，代表你的生活中孩子所占的比例，这个圈的大小没有具体的标准，是包括时间、精力、情感、金钱、资源等各方面投入的总体感觉。

（3）在第二个圈之内再画一个圈，代表你对孩子学习的关注和投入。

"关心则乱"的家长所画的图会像下面这样：

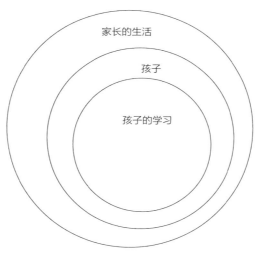

家长的"三个圈"绘图："关心则乱"模式

从图中可以看出，家长生活的主要关注点在孩子身上，尤其聚焦在孩子的学习上。

如果再细分下去，我们还可以在学习的圈里划出学习成绩所占的比例。

学习成绩要到了期中、期末才有反馈，月考也要间隔一个月。相比之下，每天的作业反馈更直接，家长看在眼里记在心上，很难不牵动喜怒哀乐，甚至可能会影响家庭气氛。

我们越是把一件事看得无比重要，心情越难从容淡定。在这样的模式中，一旦孩子在学习上有个风吹草动，家长的整个世界就被撼动了。如果要在重要性不变的前提下让自己保持冷静，那真的需要特别厉害的调节能力。与其这样挑战自己，不如先调整观念。

比如，在学习这个圈中，除了学习成绩，还有学习兴趣的激发、学习习惯的养成、学习策略的提升乃至学习中的人际合作，等等。

再向外，在孩子这个圈中，也不只有学习，还有身心健康、人格发展、人际交往、兴趣特长……孩子是一个整体，整体发展好了，学习也会受到促进，做作业就不会成为问题。

扩展到最大的圈里，家长在孩子之外也需要有属于自己的生活。

所以，要破解"关心则乱"的困局，可以在上面的各个圈层中做一些辗转腾挪，让孩子的学习在家长的内心世界中占一个适当的比例。表面看来学习的占比小了，但多出的空间会让家长更容易保持情绪稳定，也更有余力来帮助孩子，这样就可以"有容乃大"。

3. 当孩子写作业时，你把焦虑放在何处

我国著名的心理治疗专家曾奇峰说："人与人的关系最重要的问题，就是谁替谁承担和消化焦虑。父母替孩子承受和消化焦虑，那就是合格的父母。而遗憾的是，在现实中，经常是孩子替父母承受和消化焦虑。"

根据曾奇峰老师的说法，我们可以区分家长的三层境界，如下图所示：

家长的"三层境界"

处在第一层境界的父母不知道如何处理情绪，常常会通过唠叨、发脾气等方式，让孩子替自己承受和消化焦虑。比如一个家长这样说，"我每次都想忍着不发脾气，但总是忍不住，最后又冲孩子吼了，有一次甚至把孩子的书包摔了。就算不吼，心里也对孩子有怨气，脸色也不会好看，我从眼神中就能看出他想要躲开我。"

处在第二层境界的父母也许还不能承担和消化孩子的焦虑，但至少可以调整好自己的情绪，不让自己的负面情绪影响孩子。比如有一个家长的做法是这样的："我家大宝四年级，二宝二年级，管孩子都是我的事，老公经常出差是指望不上的。至于作业，我要是心情好、有耐心就自己辅导他们，要是特别累了、心情不好就偷偷懒，让二宝'遇事不决问大宝'，对大宝'PUA'，说你都是高年级的大孩子了，有问题可以问同学或者回学校问老师。这么做对不对我不知道，我觉得家长也是人，能做多少就做多少，别太勉强了，这样下来我和俩宝至少不会为了作业这事闹得不愉快。"

处在第三层境界的父母，不仅可以调整好自己的情绪，还可以帮助孩子调节情绪，进而帮助孩子更好地做事。比如有个孩子一做数学作业就烦躁、不想做，家长的做法是这样的："我知道他对数学有畏难情绪，我也不是一点都不担心，但是如果我也跟着烦，他就更烦了，所以他要说数学太难了，我就说确实难啊，当学生真不容易。有时我也逗他，说又要麻烦大哥你'亲自'做数学了。这样他通常哼唧一阵也就会去做了。"

作为家长我们也不要太苛求自己，不妨给自己定一个较为现实的目标。比如，多数时间处在第一层境界的家长，努力的目标就是有更多时间达到第二层境界，先不用着急帮孩子解决问题；如果已经能够稳定地待在第二层境界，就可以把目标定在第三层境界。

三、"有容乃大"：一步一步营造良好的作业情绪

1. 学会减压、求助

家长的负面情绪不仅来自孩子做作业这一件事，而是来自生活中方方面面的压力，作业往往只是忙碌的一天后"压倒骆驼的最后一根稻草"。压力会对人的身心都产生影响。当我们有很大的压力时，很难冷静处理与孩子有关的问题，所以我们需要知道自己处在什么状态，然后再采取相应的措施。下图对我们的心理状态进行了区分。

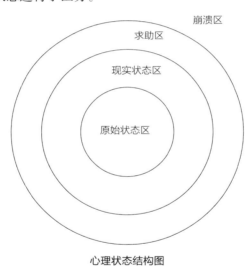

心理状态结构图

图中，"原始状态区"指的是一个人先天形成的对各种情绪的承受范围，这个区域大小因人而异，比如有的人比较"皮实"，能承受的范围就要大一些；有的人比较敏感、细腻，能承受的范围就会小一些。所以我们不能随意把自己的娃和别人家的娃比较，甚至不能把自己的一个娃和另一个娃比较（"我这么说哥哥就没事，怎么你就这么娇气呢"），因为先天差异不仅客观存在，而且在人和人之间区别很大。

"现实状态区"就是一个人在先天基础上，经过后天的养育、成长、自我提升所形成的区域，这个范围大小也是因人而异的，它是一个人自己独立可以应付的最大情绪范围。一般情况下，我们都会处在这个区域中。

"求助区"就是遇到的事情已经超出一个人在"现实状态区"的范围，但可以通过求助他人来缓解。

"求助区"的存在充分说明善于求助的重要性：一个求助区大的人可以应对的事情和情绪的范围就大；反之，如果一个人遇到的挑战已经超出了"现实状态区"还不肯求助，那就要落到"崩溃区"了。在"崩溃区"，人会出现严重的心理障碍，内心世界处于混乱和瓦解的状态。

为了保持良好的心理状态，我们首先需要逐渐扩大自己的"现实状态区"。可以采取一些减压方法，比如让自己有良好的饮食、充足的休息和睡眠；在不伤人伤己的情况下做一些情绪宣泄，如打沙包、捶枕头；还可以通过兴趣爱好减压，如听音乐、唱歌、跳舞、画画、做手工、锻炼，等等。家长需要偶尔放下家长这个角色，拥有"做自己"的时间，这样才不至于在亲职上出现"耗竭"。

其次，家长需要建立自己的支持系统，比如亲友、同学、邻居、微信上的家长群等，让自己有分享交流的空间。当我们感觉自己的能力已经不足以应对现实挑战时，就要及时求助，比如找亲友倾诉、帮忙，寻求专业的帮助。提醒一下，现在有些群反而成了内卷和传递焦虑的地方，需要谨慎选择。

比如下面这位二宝妈妈，她的某些做法就很值得借鉴。

我家老大上初中，老二读小学二年级。我是 70 后，先生是 60 后。出于一些原因，我们没有请老人帮忙，也没雇保姆。打理家务的同时我们还要顾着生意。

我的两个孩子作息时间、日程安排各不相同，大的中午要回家吃饭，小的晚上要盯作业，一个刚走另一个要接，一个要写作业另一个要出去玩儿……能把这一切安排妥当实属不易，我的时间总是被撕成碎片。

不过我还是保持着一个习惯：去朋友的面包店吃早餐。喝上一杯热饮，看看手机新闻，图的不是情调，更不为摆拍发朋友圈，只是为了跟自己好好待一会儿。这是我一天里唯一属于自己的时间。

我儿子字写得不好，这是我在辅导作业中遇到的老大难问题。学校教汉字，一个字写四遍，组两个词，这个字就算学完了，低年级的作业量又不多，他得不到充分训练，写的字真是不忍直视。我要求严一点，他就受不了，已经不记得小家伙哭了多少回了……现在我决定给他报一个写字班，不直接教，要改正、要重写都由老师说，以减少母子摩擦。

2. 保持良好的亲子关系

一谈到作业，我们常会引用一句话："不写作业父（母）慈子孝，一写作业鸡飞狗跳。"父慈子孝或母慈子孝说的就是亲子关系。当我们把亲子在一起的每一个当下的情绪累积起来，就会固化成亲子关系的一部分。如果平时父（母）慈子孝，说明亲子关系的底子是好的，只需要处理解决作业时的情绪问题。

反之，如果不做作业的时候都谈不上父（母）慈子孝，亲子关系的底色是疏远冷漠或充满矛盾冲突的，那么家长最需要做的不是管孩子的作业，而是改善亲子关系。

亲子关系的好坏并非和学习无关。在大量的教育心理学的研究中，都发现良好的亲子关系对学习有促进作用。例如，在我参与的一项对中学生数学学习投入的研究发现，孩子感知到的父母温暖可以促进孩子在学习中的动机，进而促进孩子在数学上的学习投入。可见，良好的、有温度的亲子关系可以促进孩子的学习。

　　要想拥有良好的亲子关系，家长要记住一个比率——5∶1。心理学家洛萨达带领团队通过实证研究发现，在亲密关系中，如果要维持好的状态，积极互动与消极互动的比率需要超过5∶1，这个比率被称为**"洛萨达比率"**。也就是说，不是不可以批评孩子，重点不在于一时一事，而在于我们和孩子互动的总体情况如何。如果一贯给予孩子支持、鼓励、认可、欣赏，那么偶尔的批评并不会动摇亲子关系的根基。

　　比如有个家长是这样做的：

　　我是半个天津人，平时说普通话，但女儿特别喜欢我用天津话叫她"大宝贝儿"，说她"真耐（爱）人儿"——就是真可爱的意思。我觉得爱就是要说出来，所以平时我就把这类话挂在口头上。学习上，现在大家都很卷，孩子也挺累的，不容易，所以我尽量表扬她，比如"咱们家大宝贝儿又做到了什么什么，真厉害"。当然孩子就是孩子，我们允许她写完作业玩儿手机，她有时着急想玩，做得快了，错得就有点多，我就会指出来，告诉她："你这萝卜快了不洗泥可不成啊！"也许因为平时我们经常肯定她，言谈话语间也时不时制造点欢乐气氛，所以偶尔说她，她也能接受。

3. 掌握调节情绪的方法

　　如果一个家庭中亲子关系总体很好，只是在辅导作业的时候有一些问题，那么家长就需要掌握一些情绪调节的方法，让做作业时也能父（母）慈子孝。

　　还记得本章开篇提到的东东妈妈和东东吗？从下文可以看出，东东妈妈是有比较强的情绪调节能力的：

　　东东下楼之后，我反思自己，我想我的情绪里有生气，也有失望。这个本子我花了很多心血，每完成一篇阅读理解，我就从文中划单词、词组、句子，给他逐一讲解。他字不好，我想趁着积累的机会让他多练练字，所以都是我从文章里抄一遍，他再描一遍，然后再写几遍。我替他做了很多，觉得自己很辛苦，他却不在意，随随便便就把本子弄丢了，还说不是自己放的，推卸责任，我觉得他没珍惜我的付出。

但是再一想，实际情况也不是我想的那么糟糕。比如这个英语积累本，我每次给他抄那么多的单词、词组，他都按照我的要描摹、抄写，很少提出反对意见，总是耐心地做完，英语也是他各科中学得最好的。我情绪这么大，也是因为我自己替他做得太多了。我需要学习让自己多一些休息，学习放手，把责任和权力都更多地交给他，鼓励他自己做，不要着急替他做太多。他现在学习任务很重，好像背着一个包袱，我现在的举动是帮助他卸下包袱呢，还是又给他加上了包袱呢？好像都有，我要跟他好好讨论一下，他到底需要怎样的帮助，而不是我一个人说了算。

这里，妈妈首先叫了暂停，让东东下楼玩耍，让双方都可以冷静一下。这个叫停很重要，因为它创造出了一个缓冲的空间。

如果你也遇到了类似的情况，比如给孩子讲题讲了好多遍孩子还是不会，可以对孩子说："刚才给你讲题你没有学会，妈妈（爸爸）觉得很挫败（烦躁、失望、生气），好像自己做不出题来一样。我需要一些时间让自己冷静下来，你先自己做后面的题，等我心情好一点了，我们再来看刚才那道题。"这样与孩子沟通，在叫停的同时，也表达了自己的情绪。注意，家长在这里是在"表达自己的情绪"，而不是肆意发泄情绪。表达情绪通常的方式是给情绪命名，并做形象化的描述，这样可以帮助对方理解自己，又不会激化矛盾。

有了这个缓冲的空间，家长就可以调节自己的情绪，东东妈妈就是这样做的。她调节情绪的过程，很像心理学中"情绪的 ABC 理论"所说的方法。

情绪的 ABC 理论是由美国心理学家埃利斯创建的。如下图所示，他认为人的负面情绪并不单纯是由于不良事件（A）本身引起的，事件只是一个间接原因，引起负面情绪的根本原因是人对事情的看法、信念（B），这样才会导致了消极的结果（C）。这些引起负面情绪的信念是一些不合理的信念，称为"非理性信念"。

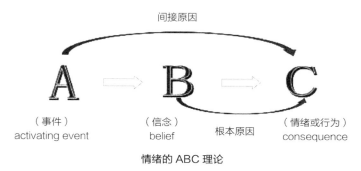

情绪的 ABC 理论

典型的非理性信念有三种：

第一是**绝对化的要求**：以自己的意愿为出发点，认为某一事物"必须要如何"的信念，经常体现为"必须""应该"。

在写作业方面，家长的典型表现是期望和要求过高，超出了孩子的能力，不符合孩子的年龄特点。有的家长对孩子的作业状况很不满，如果你问他希望达到的目标，回答则是既希望孩子写得快，又希望孩子一笔一画都写得好，还希望孩子能够自觉完成作业……孩子的成长是一步一步来的，但我们却希望他一下子做到完美，这是不切实际的。

第二是**过分概括化**：以偏概全，根据某一或某几件事就对自己或他人进行不合理的整体判断，对自己体现为自卑、自弃，对他人体现为全盘否定、贬低。

家长在作业上的过分概括化体现在把孩子个别的不良表现夸大。比如孩子只是走神了 10 分钟，但是家长觉得他在整个作业过程中都不专心，进而觉得孩子的学习态度有问题。其实孩子可能并不是态度问题，而是能力问题，他目前还没有能力一次集中那么长时间的注意力，需要的是制订合理的时间计划，选择适合的学习方式，中间适当休息。

第三是**糟糕至极**：把对一件事的后果推论到非常糟糕以致灾难化的结果，即过分夸大孩子行为的负面后果。

比如因为孩子现在三年级作业状态不是很好，就担心孩子小升初上不了好初中，中考考不到好高中，高考考不上好大学。孩子是在成长中的，是有可塑性的，我们不应过分夸大孩子当前一些不良行为的负面结果。

在东东妈妈初始的负面情绪反应背后就有一些非理性的信念，比如对孩子期望过高，夸大了糟糕的后果，把孩子一次小小的失误扩大到"不珍惜妈妈的付出、推卸责任"上。

根据 ABC 理论，调节情绪最主要的方法是识别出这些非理性的信念，然后用理性的观念代替非理性的观念，比如"孩子还是很努力的，做作业速度也有提高，多认可他，他也会更有信心""孩子现在只是英语作业上有一些问题，不用扩大化""作业质量是有一些问题，但不是一塌糊涂，可以慢慢调整"。东东妈妈的"再一想"，就是通过纠正非理性信念调节自己情绪的过程。

需要注意，我们这里说的是调节情绪，不是靠"忍"——即克制或压抑。负面情绪像水一样需要疏导，而不能靠拦堵。疏导情绪既包括在生活方式上给自己放松、减压、释放情绪，也包括在具体事情上使用情绪 ABC 理论的方法来进行自我调整——识别出非理性的信念，然后用理性的观念代替它。

在辅助作业过程中，不仅家长会着急上火，孩子也会有挫败、失望、烦躁等不良情绪。家长如果可以调节自己的情绪，也就会帮助孩子调节情绪。通常，孩子并不需要家长有多么高超的心理技巧或沟通方法，只是需要家长能够包容、接纳、理解自己的情绪。

当孩子情绪不好时，家长需要扮演的角色更像是一个好的容器，可以涵容孩子的各种状态，让孩子有安全感。我们常常会在街头看到这样的场景：家长对孩子怒吼"不许哭"，孩子则哭得更厉害了。如果家长允许孩子哭一会儿，再去安慰孩子，孩子过一会儿也就平静下来了。

在情绪方面，每个孩子需要的调节方式不一样。同样是在作业中有负面情绪，有的孩子需要家长的认可、加油、鼓励，甚至是"打鸡血"；有的孩子需要家长一个亲切的眼神，或者拍拍肩膀；有的孩子需要的是自己单独待一会儿，不需要嘘寒问暖，或是提一堆建议；有的孩子需要家长安静地坐在自己身边，给予一些陪伴；有的孩子需要家长的几句心平气和、理解开导的话；也有的孩子甚至可以掌握前面所说的情绪 ABC 理论的方法，自己有意识地用理性观念代替非理性观念。家长是最了解孩子的人，如果家长的心里有富余的空间，就可以更敏锐地感知到孩子的情绪，从而根据自己和孩子多年相处的经验给出恰当的反应。

4. 在事情层面进行沟通和调整

东东和妈妈的故事，后续是这样的：

一小时后东东回来了。给他开门的时候，我想我的脸色已经没那么难看了。他和朋友玩了一个小时也放松了。闲扯了几句后我问他："你觉得还需要一个英语积累本吗？"我想跟他商量这个事。他说："需要。"我一下就欣慰了好多。

我又问他："以前那样的积累方法你觉得怎么样？"他说觉得有些累。其实我知道，他对完成英语作业一直很有耐心。做积累是个烦琐的活儿，他从没说过"不"字，英语也是他所有科目里成绩最好的。我想了想，就提议以后我们做阅读理解可以少一些，做完之后，我只从原文里挑 3~5 个单词、词组和一个句子（以前我会挑将近十个），他自己抄写，我不抄写了，这样我们的工作量都能小一点。他同意了，我也觉得轻松了。不搞那么累，万一本子又丢了，我没那么心疼，也不会那么激动了。

心情好了，就可以着手解决问题了。东东妈妈就是通过和孩子心平气和的沟通找到了改进的方法。

说到沟通，这本身就是一个专门的话题，有不少针对性的书籍。比如在《非暴力沟通》这本书中，作者指出良好的沟通要四步走：

第一步，观察，客观地描述自己观察到的情况，不要评价；

第二步，感受，用情绪词汇表达自己的感受，注意，是感受不是想法；

第三步，需求，用"我"字句表达自己的需要；

第四步，请求，提出明确、清晰的请求。

家长在和孩子沟通与作业有关的事情时，也可以借鉴这个"四步走"的句式，比如：

"我看到你今天好几次一遇到不会的题目就来问我（观察），

我觉得有一些烦（感受），

我现在需要有完整的时间做自己的事，也希望你能尽量自己解决问题（需求），

你下次遇到不会的题目先试着自己做，实在不行先记下来，最后一起来找我好吗？（请求）"

沟通从来不是简单的"话术"，在亲子关系这种朝夕相处的亲密关系中，如果仅仅是表面文章的"话术"是很难起作用的。家长发自内心地接纳孩子，理解孩子，再加上沟通技巧以及有建设性的方法，才能达成好的效果。

关于建设性的方法，东东妈妈以这件不愉快的事件为契机，先放了自己

一马，就是先给自己减负，同时也给孩子减了负，把问题变成了转机。家长的作业帮助不见得多多益善、层层加码、步步紧逼才是好。所谓退一步海阔天空，在从容的心态下恰到好处的帮助，比把自己和孩子都搞得手累、心累效果更好。

无论是"先处理心情、再处理事情"，还是和孩子沟通时的"四步走"，或是做一些"减法"，说起来都显得有点"慢"。家长往往希望能够直截了当地解决问题。在这方面，家长可以自己体会"慢"和"快"的不同感觉和效果，在此想分享的是这样一句话："慢慢来，比较快。"

✅ 作业支持工具

作业情绪评估单

以下两个清单分别评估的是孩子与家长的作业情绪，请孩子和家长分别作答。

孩子作业情绪评估单（由孩子完成）

以下是关于你写作业时心情的一些描述，请在最符合本学期实际情况的数字上打"√"。	完全不同意	比较不同意	比较同意	非常同意
1 写作业时我的心情很好。	1	2	3	4
2 写作业让我很生气，恨不得把作业从窗口扔出去。	1	2	3	4
3 当我写作业时，我担心我是不是能做好。	1	2	3	4
4 当我写作业时，我感到无聊和累。	1	2	3	4

在上表中，2、3、4题需要反向记分，即1分换算为4分，2分换算成3分，3分换算成2分，4分换算为1分。

将第 1 题原始分数和其他题目换算后的分数相加后计算平均分，就是评估得分。评估得分越高，代表孩子的作业情绪越正向、积极。

家长作业情绪评估单（由家长完成）

以下是关于你在辅导和监督孩子作业时的心情的一些描述，请在最符合本学期实际情况的数字上打"√"。	完全不同意	比较不同意	比较同意	非常同意
1 当我辅导或监督孩子写作业时，我感到烦恼。	1	2	3	4
2 当我辅导或监督孩子写作业时，我感到生气。	1	2	3	4
3 当我辅导或监督孩子写作业时，我感到开心。	1	2	3	4
4 当我辅导或监督孩子写作业时，我感到关爱和温情。	1	2	3	4

在上表中，1、2 题为反向记分题。将 1、2 题的换算分和 3、4 题的原始分数相加后计算平均分，就是评估得分。评估得分越高，代表家长的作业情绪越正向、积极。

以上评估仅供参考，主要是帮助家长了解孩子和自己的作业情绪状况。假如你和孩子的评估得分都偏向负向情绪，比如都低于 2.5 分，你可以思考或者与孩子讨论，如果想让这个评分稍微提高一点，你们可以做些什么？

本章小结

1. 情绪与学习关系密切，积极的情绪会促进学习。

2. 积极的作业情绪会促进良好的作业表现。

3. 温暖的亲子关系会促进孩子的学习。

4. 一些家长有较高水平的教育焦虑，需要学会减压或求助。

5. 家长可以通过学习情绪调节的方法（如情绪 ABC 理论）来促进自己的积极情绪，并帮助孩子调节情绪。

第四章

作业责任感：
让作业逐步成为孩子自己的事

能力越大，责任越大。

——电影《蜘蛛侠》

如果说作业情绪伴随着作业的全过程，那么作业责任感主要是在做作业这件事的开头起作用。孩子需要明确"做作业是我的事"，他才有可能主动去做；如果他打心眼里觉得作业与自己没啥关系，那就不会主动。很多孩子在作业中不积极，是因为在这个起始阶段就出了问题。

作业实景

如果有一个开关键，按一下孩子就能写作业多好

我儿子月月9岁，读三年级。

我遇到的问题和别人不一样。很多网络视频段子表现孩子笨，特别简单一道题，来回来去整不明白，家长快要气炸了。而我孩子的问题聚焦在"启动"上，就是让他"开始"写作业特别难。

月月不想写作业，没有一点要写的态度。我跟他说这是你的任务，给他讲道理，好不容易终于要写了，他"哇"地哭上了，一哭就是半小时。我能怎么办？我说妈妈知道你不想写，但对不起，你必须写，数学作业一共30道

口算题，你有哭这半小时的工夫，早都做完了。

虽然写作业之前的环节特别熬人，但一旦开始写，气氛就好了，我们俩的关系也好了。他的学习能力、智商水平没什么问题。遇到难题我们有商有量地讨论，一遍不明白我给他讲第二遍。需要讲第二遍的时候不多，他接受知识蛮快的。解开一道难题，我们还会开心地拥抱一下。

启动起来就好说了，问题是启动不起来。其实他在大大小小很多事情上的启动都存在问题，不仅是写作业。比如我说很晚了该睡觉了，他说："我就不睡！怎么着吧？"在外面玩儿，跟他约好再玩儿 5 分钟就回家，5 分钟到了他说："再加 5 分钟。"似乎让他停下来然后开始另一件事，总是很难。

一、怎么看一个孩子有没有作业责任感

1. 作业责任感的具体表现

说一个孩子对作业有责任感，就是这个孩子知道作业是他自己的事。

看孩子对作业有没有责任感，最直接的是看他能否接受别人替他写作业。你不妨试着问问孩子："如果别人替你写作业，可以吗？"缺乏责任感的孩子会觉得让别人代替也没有关系，而具备责任感的孩子则会说：

"不可以，这样我就学不到东西啦。"
"不可以，因为这是我的事，不是别人的事，不能让别人替我做。"

一些对责任感有一定认识但还缺乏真正的、内在的认识的孩子也会说不行，但给出的理由是外在的，比如：

"不可以，因为老师说必须自己做。"
"不可以，因为这是老师让我去做的，我可不能让老师失望。"

"如果老师知道是我妈替我做的作业，我会觉得非常丢脸。"

"如果老师知道不是我做的，我就有麻烦了。"

孩子对作业有责任感，一个重要的表现就是**能够独立启动并完成作业，不需要家长提醒、催促和监督**。本章开篇案例中的月月启动困难，是孩子在作业责任感上有所欠缺的征兆。

研究发现，从小学二年级起，相当一部分学生就能在无人提醒的情况下完成作业。但对于为什么要这样做，给出的理由却因年级而不同。在二年级只有四分之一的学生会给出真正体现作业责任感的回答，如：

"因为这是我的作业。"

"因为这是我的事，是我的责任。"

而多数二年级学生给出的回答是出于外在的原因，比如：

"我要自己记得去做作业，因为这样就可以给我爸妈省事。"

"如果我不需要妈妈提醒就去写作业，那是帮了我妈一个忙。"

"如果我不记得的话，就会有人唠叨我了。"

"如果我不记得的话，就看不了电视了。"

在这些孩子的回答中，作业或多或少还是别人的事儿，尤其是家长的事儿。而到了小学六年级，三分之二的学生都会给出体现自身的、内在责任感的回答。这说明，随着年龄的增长和心智的成熟，孩子会越来越具备作业责任感。

2. 作业责任感带来的良性循环

孩子的作业责任感和作业的完成效果是互相促进的关系。有责任感的孩子更可能按要求完成作业；越按要求完成作业，责任感和学习成绩就越能得到进一步的提升。

孩子的责任感和学习策略也是互相促进的关系。责任感越强的孩子，在学习上更可能掌握要领、方法得当；而当一个孩子掌握更有效的学习策略时，他的责任感也会更强。

可见，作业责任感的价值不仅体现在孩子知道作业是他自己的事，它有更重要的作用：**责任感和学习水平是相互影响、相互促进的**。任何一方的提升都会促进另一方的提升，产生良性循环——这也是我们期望看到的。

二、作业，并非一开始就只是孩子自己的事

1. 作业：老师、家长和孩子的共享责任

生活中像月月这样"难搞定"的孩子不少，这就需要我们重视责任感的培养，并且采取有效的措施。

但是措施并不一定能有立竿见影的效果，因为作业责任感这个东西确实有些复杂——作业这件事，确实不是单纯的"孩子自己的事"。在孩子成长过程中，老师、家长、孩子都要承担一定的作业责任，可以说，这是一种**"共享责任"**。

在理想情况下，老师负责布置适当的作业，批改作业，提供指导和反馈；孩子负责记录、完成和上交作业；家长则负责根据孩子的具体情况，给予孩子所需的帮助和支持。三方一起合作，才能促进孩子的作业完成和学业进步。

但是在生活和工作中我们都知道，如果一件事几个人都有责任，就很容易"扯皮"。比如老师会抱怨学生和家长不配合自己的工作；家长会抱怨为什

么老师会把作业的事推给自己，为什么孩子对作业不上心；孩子则会抱怨老师和家长合起伙来逼迫自己。

确实有时候老师布置的作业太多了。比如一个孩子就吐槽，说平时作业已经很多了，一到考试前更写不完。我问这个孩子如何应对，得到的回答是：

"我回家后会先规划一下，简单重复性的作业'分派'给家长，我自己做需要动脑筋的部分，如果题实在不会做，我就上网搜答案，然后把解题过程搞懂。"

在这个例子中，孩子让家长代劳一部分就不属于缺乏责任感，而可以说是孩子的"学习策略"。

要避免孩子用这种方式应对超额的作业，老师需要更精心地布置作业。目前在教育界也有不少专家、校长、老师在探讨"分层作业""个性化作业"等议题。比如一所省重点小学的校长要求教师这样布置作业：周一、周五的作业量要少，周一少是为了帮学生适应新一周学习，周五少是为了让学生好好过周末；周二、三、四的作业正常留，但会有自习时间让学生在学校完成一部分。

2. 亲子双方承担作业责任的比重要不断调整

那么家长呢？如果说教师的工作还有职业规范的指导，家长的角色就更不明确了。有的家长从一开始就"放羊"，这种情况下孩子可能会自觉，但也可能会"放飞自我"；有的家长则一直"紧逼盯人"，从小学盯到初中，有的甚至盯到高中，这种方式下常会产生亲子间的"战争"，拉扯不断；也有的家长知道帮助孩子要讲究方式方法，但对如何把握分寸火候存在困惑。

　　每个孩子都不一样，没有一定之规。但从大的趋势上来说，家长需要把握的是：尽管在很长一段时间我们都要和孩子"共享"作业的责任，但双方承担的比重是在不断变化的，**家长需要逐渐让作业责任越来越多地向孩子方向倾斜，自己承担的部分要越来越少**。

　　一开始，在孩子还不太能够自主启动去做作业时，需要**家长的提醒**。研究发现，在整个小学阶段，家长都认为自己对提醒孩子做作业有一定的责任，但是到了小学高年级，这种责任在变小。比如，六年级学生的家长提醒的次数要少于二年级学生的家长。

　　不仅次数在变化，提醒的方式也在变化，会从以直接提醒为主变成以间接提醒为主。直接提醒就是直接对孩子说："你现在该去写作业啦！"间接提醒则比较委婉，比如问孩子："你今天做作业了吗？"或者问："你今天该干的事儿都完成了吗？"

　　除了提醒之外，另一个体现家长承担作业责任的方面是**检查作业**。在一项研究中，在小学四年级之前，有97%的孩子说家长会检查作业完成情况；到了小学六年级，家长检查作业的比例降到了78%。

　　也就是说，**无论是提醒还是检查，大的趋势都是家长在"做减法"**。家长这边"此消"，孩子那边"彼长"，越来越承担更多的作业责任。

　　有些家长会说，我也不想管那么多啊，可是我不管孩子就是不自觉，怎么办呢？小一些的孩子可能确实需要家长的提醒和检查，但对于大一些的、高年级的孩子来说，家长的提醒和检查很可能是多余的。家长因为觉得作业太重要了，希望通过这种"饱和式"的参与来确保不出问题，但是过度的参与不利于培养孩子的责任感。家长这边不能"此消"，孩子那边也难以"彼长"。

三、学会"做减法"，避免对孩子作业的"过度参与"

1. 孩子不耐烦：家长过度参与的信号

家长如何知道自己参与过度了呢？这里需要关注的一个信号就是孩子的"不耐烦"表现。关于这一点，我们可以继续来看月月和他妈妈关于作业的一些互动：

不仅是笔头作业，听读作业月月也不做。比如英语作业是"磨耳朵"，让家长伴读英文绘本。我打开音频，他说妈妈你关上吧，我不想听英语。我装作很随意的样子跟他讲几句英语，他说妈妈你别跟我说英语。我说那我给你读中文绘本吧，读着读着我穿插进来几句英语，他马上说，妈妈你别跟我说英语。

我的招儿全被他堵得死死的。

放暑假的时候，我说月月你把时间安排好，作业不要拖到最后，他同意了。怕他不执行，我还跟他一起制订了一份简单易行的作业计划。问他好不好，他说好。第二天他不照着做。我问为什么不做，他就找各种托词。一直到暑假结束，作业写了不到十分之一。我再说他就捂耳朵："行了别说了，你别叨叨了。"

有两句话我经常对他讲，一句是"地球不爆炸，就得写作业"，一句是"效率不够，时间来凑"。就是说无论如何作业都得写，无论你怎么哭，怎么抗拒，这事儿都得干。他拖着不写，我就跟他耗着，结果就是我们一天到晚都在"写作业"这件事上没完没了，就像有的人减肥减了一辈子，戒烟戒了无数次。

从上文叙述中可以看出，月月妈妈是一个很负责任的妈妈，承担了教养孩子的主要责任，相当辛苦。而从月月的反应可以看到，妈妈的"正确做法"和"讲道理"让他烦躁。这种情况并不罕见，喜欢通过"讲道理"教育孩子的家长往往受教育程度高，从事知识型或规范型的工作，如科研、教育、技术、管理、行政、法律等，他们的思辨能力强，说话内容正确、逻辑清晰，但是说多了孩子会不爱听。

家长的这种倾向可以说是一种打引号的"职业病"。比如一位律师父亲，他训孩子时的典型句式是这样的："你刚才说的观点是……你这个观点是不对的，因为这个观点的前提是……但这个前提不成立，因为……"还有一位教师妈妈，每次孩子抱怨说"妈妈你又很像个老师了"，她就意识到自己又犯"职业病"了，赶紧放下身段。"职业病"完全改掉很难，但至少可以有所觉察和调整。

2."修理工"模式：导致家长过度参与的思维方式

在家长言行的背后，往往有一个"底层逻辑"，就是一种"问题解决者"或者"修理工"式的思维模式：用"发现问题——分析问题——解决问题"的方式来识别出孩子行为中有"问题"、需要"修理"的部分。有的家长会用简单粗暴的方式"修理"，知识型和规范型的家长则往往用讲道理的方式来"修理"。

采用这种思维逻辑，家长比较容易把孩子的行为定义为"问题"，而不是发展中的自然表现。月月妈妈这样告诉我们：

一年级的时候我发现他有这个毛病，当时我的做法是从他的角度出发，好言相劝。我说，学习重要，玩儿也重要。你想玩儿，我没意见，你赶紧把作业写完，就有更多时间好好玩儿了。

后来我感觉他可能根本就听不懂，也拎不清写作业和玩儿到底孰轻孰重，我就严厉起来了，把尺度收紧了些。我说："学习非常重要，你必须先写完作业，然后才能玩儿。"

其实，一年级的孩子对作业没有概念是很正常的，说不上是"毛病"。孩子在一年级时还处在"幼升小"的适应阶段。按照现在的教育政策，一、二年级不留书面作业，就是为了帮助孩子更好地进行过渡和适应。家长如果把自己的角色定位为帮助孩子更好地适应小学生活，而不是纠正、"修理"孩子的"问题"，心态就会更正面一些。

月月妈妈谈到自己的问题，语速又快又急。原本是我们问她，后来几乎变成了她问我们：

"我肯定不是最差的妈妈。我也不知道怎样才算是好妈妈了。我的要求过分吗？怎么就不行？都说我性子急，是不是我的急性子造成了现在的局面？遇到问题总要解决吧？"

她在科研单位上班，是典型的高知型、学习型家长。面对儿子的现状，她查阅了文献资料，请教了专家，也一直在积极效仿其他家长的方法，无奈收效甚微。她心里冒火，同时百思不得其解。

采用"修理工"式的思维逻辑，家长容易孤立地去看孩子的行为，尤其是难以看到自己在孩子的行为方式中扮演的角色，觉得自己就是问题之外的"解决者"，而不是互动系统的一部分。俗话说"一个巴掌拍不响"，就是要把一个行为放到双方的互动中去看。生活中我们有时会观察到，特别能干的家长会有依赖性强的孩子；特别强势的家长会有或叛逆或"躺平"的孩子；责任心强、爱操心的家长，会有做事不上心的孩子；爱讲道理的家长，会有对言语和道理"免疫"甚至"油盐不进"的孩子。

家长"修理"孩子问题的方式，往往也是自己所擅长的方式：能干的家长愈发多做，强势的家长越发掌控，操心的家长愈发焦虑，能说的家长愈发多说。家长"再加一把劲儿"的努力，反而在互动过程中继续维持了问题。甚至，有时家长"解决问题"的努力，本身就成了"问题"的一部分。家长会说是因为孩子做得不够好，所以自己"不得不"说这么多、做这么多，而孩子则会说就是因为家长说得太多、管得太多，所以自己更不想做。

那到底是谁的问题呢？这就陷入"鸡生蛋、蛋生鸡"的循环中。所谓"清官难断家务事"，往往因为这种绕不清楚的循环因果。我们可以把对原因的追究先放一放，改为思考如何对亲子间固有的互动模式做出一些调整，跳出原来的负面的循环，进入良性的循环。

如果说家长和孩子之间的互动像一种"共舞"的话，一方舞步发生变化，另一方也需要发生变化，呼应对方。比如孩子抱怨家长说多了，就说明孩子有改变的愿望，这就是调整的契机。家长如果一时还不知道做什么有效，至少可以先减少"正确"但无效的"讲道理"。

家长如果希望改变孩子的舞步，自己要先有所调整。调整的过程中难免会有不适应，彼此踩脚，但只要大的方向是符合孩子发展规律的，也就是按照"此消彼长"的原则，双方终会适应新的舞步，直到下一次需要调整的时候。

生活中常见的情况是，孩子有调整的意愿，但家长还在用老眼光看孩子，总是看到孩子的问题，不能改变自己的舞步，于是双方都被困在旧的舞步模式中循环下去、动弹不得。家长如果要等到孩子做得很好时再做调整，可能永远也等不到那一刻。

3. 家长在生活中也要学会"做减法"

"修理工"式的思维方式不仅会把孩子的行为和家长的行为分开来看（看不见"互动模式"），还会把孩子行为的一个方面和其他方面分开来看。在传统的、重视学业的中国式家庭教育中，常见的就是把孩子的学习特别突出出来，甚至孤立出来，与其他方面相分离。可是孩子是一个整体，发展的一个方面离不开其他方面。如果说作业只看作业、说学习只看学习，就会"头疼医头、脚疼医脚"，忽略了孩子整体的发展。

如何让孩子对作业有责任感呢？就是要让孩子成长为一个有责任感的人。国内外的实证研究都发现，**适当的家务劳动可以促进孩子的责任感**。这说起来好像是个常识，但有时却会被过分重视孩子学业的家长忽略。

孩子从学龄前就开始形成责任感了。从自己吃饭、自己穿衣这些生活自理行为中，逐渐形成"自己的事情要自己做"的意识。学龄前的孩子还会出现"所有权意识"，比如会在别人要玩自己玩具时说"这是我的。"家长可以因势利导，让孩子对自己的玩具负责，比如玩过之后收到筐里。这样，孩子会逐渐理解自己需要对自己的"地盘"负责。随着年龄增长，他们除了生活自理，还可以做一些简单的家务。聪明的家长会从小给孩子一点事情做，比如饭前负责帮着摆碗筷等。只要及时鼓励，不吹毛求疵，孩子会对自己能帮大人做事有一种自豪感。

在培养自理能力和家务能力时，家长需要注意"责权利"的统一。责，就是自己的事情自己做；权，就是"我的地盘我做主"；利，就是自己承担自己行为的结果或后果。有时家长会在自己的"理所应当"里忽略了孩子的诉求。比如说孩子自己管自己的玩具，但家长又要求孩子一定要和小朋友分享、甚至不经孩子允许把孩子喜爱的玩具送人。这种"责权利"的不统一，不利于孩子形成责任感，也会伤害孩子的感情。责任感与人与人之间"边界"有关，这才有"我的事""你的事"之分。我们要求孩子遵守的，我们自己也要遵守。

孩子在生活中的责任感也是在和家长的互动中形成的。俗话说"穷人的孩子早当家"，并不见得是那些贫困家庭的家长有意要培养孩子的责任感，就是因为生活所迫必须让孩子承担家庭的责任。我们当然并不主张让孩子太早承担超出他能力的责任，但如果孩子可以承担还不让孩子承担，也不利于孩子的发展。所谓"不当家不知柴米贵"，说的就是人不承担责任时，也就得不到锻炼，不具备相应的经验。

一些家长认为生活方面的事都是小事，只有学习才是大事。可是，孩子的生活自理能力、家务能力与学习能力并不是截然分开的。比如孩子上学后收拾自己的书包、整理自己的学习空间，这些也是学习能力的一部分，也就是"环境管理"的能力。孩子自己背书包上下学，在心理意义上，也可以说是对学业责任的一种担当。如果连这些看得见、摸得着的责任孩子都不必亲自承担，又怎么说得上其他呢？家长可以帮助孩子承担书包的重量，却不可能为孩子承担生活和成长的重量。比如这样一个孩子小 A：

> 从他上了小学，爷爷奶奶每天都会来接他放学。祖孙相见，他肩膀一歪，爷爷顺势把双肩背书包拿走，背在自己背上；奶奶递过已经插上吸管的饮料，他接过去边走边喝，整个过程行云流水，一气呵成。这个"默契"的配合，从小学一直延续到了初中。
>
> 小 A 不爱说话，在学校里没什么朋友，爷爷却显得能说会道，非常"活跃"，俨然他的公关经理。在校门口遇有其他家长问候，小 A 总是默然相对，爷爷则忙不迭把话接过去，为小 A "代言"。爷爷喜欢夸耀小 A 的优秀和全家的教育得法。比如小 A 所有的学习资料都有双份，一份自己用，一份是名校出身的父母用来研究如何给他辅导功课。
>
> 在全家人的呵护和努力下，小 A 考入了市重点高中。他的名次不像在区重点初中时那样靠前了，毕竟身边强手如林，但他和家人接受不了。渐渐地，不再听到爷爷夸耀小 A 的优秀。后来听说小 A 患上了心理疾病，休学了。

有的家长会问，现在孩子的书包沉得很，我帮他有问题吗？我帮他插饮料吸管是表达关心，有问题吗？他不爱说话，我帮他跟人打交道有问题吗？**在教育中，很多事不是绝对的对错问题，而是方式、分寸、时机、场合的问题。**家长可以帮，但帮的前提是孩子知道这是他自己的事，而不是家长本来就该替他做。

在月月的案例中，同样有家长过度照顾和保护的影子：

> 月月属于敏感型的体质，容易生病，小时候上幼儿园就没有哪个月拿过

全勤奖。肉吃多了就会积食；吃点凉的，比如冰淇淋，就会拉肚子；稍微着点凉就会感冒。我常和他说"你要知冷知热、知饱知饿"，可他很难记得住，也很难控制住自己。所以我们全家都得看住他，我知道有时候确实照顾得有点多。

对于生活中的责任，家长和孩子之间同样需要有个"此消彼长"的过程，而不是家长一直无微不至。对孩子过度的照顾和保护，往严重里说，是对孩子成长经验的剥夺。有一位老师说："孩子的成长经验就是经验被剥夺的经验。"这话或许有些夸张，但在那些对孩子照管过度的家庭中是适用的。要培养孩子的责任感，不是家长反反复复说就可以。孩子需要身体力行，从穿衣吃饭、洗头洗澡、剪指甲、系鞋带、整理东西、背书包开始，一点一点体验自己的事自己做，并从这些成功经验中生长出责任感。

四、作业内外，如何培养孩子的责任感

如果我们希望孩子对作业有责任感，该怎么做呢？

1. 用孩子能理解的简明语言讲清为什么他需要自己完成作业

我们不能假定孩子"本该"知道要完成作业，在孩子还处在"幼升小"的转折阶段时，告诉孩子作业是他作为一名小学生的责任，给孩子"你是大孩子了，可以自己的事情自己做"的自豪感，让孩子明确作业是他自己的事。

2. 适当提醒，避免过度

在孩子还在培养作业责任感的过程中，家长可以适当提醒，但需要特别注意提醒的分寸。每个孩子的反应时间不一样，一般来说，"冲动型"的孩子反应会比较快；"反思型"、慢性子的孩子反应的速度会慢一些。家长需要摸索出适

当的提醒方式。比如一个家长就有这样的体验："我以前在提醒孩子之后，心里数到 10，孩子如果还没有反应就开始急躁。后来去找学校的心理老师谈过一次，她建议我数到 50，结果在下一次我数到 40 的时候，孩子就开始行动了。"

随着孩子的长大，提醒应相应减少。

家长尤其要避免以唠叨的方式提醒，过度的提醒会让孩子对家长说的话"免疫"，适得其反。

3. 强化成功体验，帮助孩子建立对作业的控制感

当孩子有畏难情绪时给予激励，完成作业时给予鼓励，让孩子体验到成功的喜悦。家长可以协助，但不能替代。在这里我们特别强调成功经验的重要性。研究发现，当人对一件事有了控制感，就更容易有责任感。控制感来自于成功的经验，所以家长需要用鼓励性的语言强化孩子的成功经验，让孩子看到自己做好了什么、做对了什么。

4. 教孩子求助

在作业中遇到困难很正常。有些家长随时处于"待命"状态，发现孩子有不会的就冲上去。这样不仅剥夺了孩子独立解决问题的机会，也会妨碍了孩子学习求助的能力。家长需要教孩子如何求助及表达感谢，也可以就求助的方式做一些约定，让孩子既能有自己解决困难问题的体验，也可以在自己实在解决不了时得到所需的帮助。

5. 让孩子适当承担行为的后果

当孩子没有尽责时，家长需要让孩子承担后果。有的家长对孩子的事比孩子自己还急，比如发现孩子作业忘带了，十万火急送到学校。这样一次、两次之后，就会第三次、第四次，因为总有人"兜底"。为了避免这种情况，

家长可以适当提醒孩子检查，教孩子管理东西的方法，但不能从始至终替孩子承担后果。

6. 关注例外：看到问题中好的部分

在月月的案例中，妈妈最头疼他"启动慢"。换言之，是在事情之间的转换慢，这个是月月的特点，说不上缺点。

孩子的启动慢是多慢？是每天一样慢吗？还是有时会稍微快一点？很少有孩子能把行为的程度完全保持一致，总会有波动，有向下波动就有向上波动。家长通常关注的是向下的波动，但我们更应该关注的是向上的波动，也就是问题中好的部分，哪怕这些好的部分是偶发的、例外的。事实上，这些"例外"就是解决问题的"钥匙"。思考"例外的情况是怎么发生的"，就是"例外问句"，这是一种被称作"焦点解决疗法"的心理治疗方法中的典型问句之一，可以促进我们把关注的焦点放在"解决"上，而不是放在"问题"上。

比如，在月月稍微快一点的日子里，也许他那天心情不错，就自己去写了；也许他在学校得到了老师的表扬，所以比较有干劲；也许妈妈让他回家后先休息半个小时再做作业，期间没有一直催他，只是最后提醒了一句，他就去做了……当我们的注意力关注到这些成功的"例外"，并且在语言和行动中强化这些"例外"，就会促使这些"例外"逐渐演变成"日常"。

这就像陪伴孩子学走路，我们不会指责孩子说："你怎么还不会走？"也不会对孩子说教："学会走路对你的人生非常重要！"更不会一直搬着孩子的腿说："现在先迈左腿、再迈右腿。"我们就是在孩子还不太会走路的时候，为孩子每一次的"例外"——也就是成功向我们迈出的那几步而欢欣鼓舞，然后再一点一点拉大和孩子的距离，让孩子从每一次自己走到我们怀里的过程中得到快乐的、成功的体验，最终学会独立走路。

✓ 作业支持工具

作业责任评估单

以下两个清单分别测评的是孩子的作业责任与家长的作业责任，请孩子和家长分别作答。

孩子作业责任评估单（由孩子完成）

以下是关于作业责任的一些描述，请在最符合你实际情况的数字上打"√"。	主要是家长的责任	家长的责任比较多	家长的责任稍微多一点	我和家长的责任一样多	我的责任稍微多一点	我的责任比较多	主要是我的责任
你觉得保证每天完成作业是谁的责任？	1	2	3	4	5	6	7
你觉得保证作业完成质量是谁的责任？	1	2	3	4	5	6	7
你觉得在写作业时专心是谁的责任？	1	2	3	4	5	6	7
你觉得抓紧时间完成作业不影响睡觉是谁的责任？	1	2	3	4	5	6	7

家长作业责任评估单（由家长完成）

以下是关于作业责任的一些描述，请在最符合你实际情况的数字上打"√"。	主要是家长的责任	家长的责任比较多	家长的责任稍微多一点	家长和孩子的责任一样多	孩子的责任稍微多一点	孩子的责任比较多	主要是孩子的责任
你觉得保证每天完成作业是谁的责任？	1	2	3	4	5	6	7
你觉得保证作业完成质量是谁的责任？	1	2	3	4	5	6	7
你觉得在写作业时专心是谁的责任？	1	2	3	4	5	6	7
你觉得抓紧时间完成作业不影响睡觉是谁的责任？	1	2	3	4	5	6	7

以上清单仅供参考，主要是帮助家长思考孩子作业责任的分配情况，或者作为和孩子讨论的基础。假如你和孩子的评分偏低，比如平均分都是 4 分，你可以思考，如果要让这个评分稍微提高一点，你和孩子可以分别做一点什么？

本章小结

1. 责任感对孩子的学业和作业很重要。随着孩子年龄的增长，孩子会逐渐形成真正的、内在的责任感。

2. 家长对孩子作业的提醒是家长承担作业责任的主要表现，能在未经提醒的情况下独立完成作业是孩子承担作业责任的主要表现。

3. 随着孩子年龄的增长，家长对孩子作业的提醒和检查应逐渐减少，对孩子的提醒应逐渐从直接提醒转为间接提醒。

4. 孩子的行为是在和家长的互动中形成的。希望改变孩子的行为，家长要先调整自己的行为模式，减少无效的行为方式，增加有效的行为方式。

5. 培养孩子的责任感需要从生活中做起，过程中"责权利"要统一，家长要学会"做减法"，避免过度参与。

6. 家长需要重视自己和孩子的成功经验，关注孩子行为向上波动的"例外"事件。

第五章

作业动机：
从"要我做"到"我要做"

假如他真是大智，他就不会命令你进入他的智慧之堂，却要引你到你自己心灵的门口。

——纪伯伦，《先知·论教授》

作业实景

玩的时候挺好，怎么一写作业就蔫儿了

三年级小学生的作业不多，差不多都能在校内完成。因为斯斯成绩不好，我们会给她布置额外的家庭作业，还会带着她一起复习课内的知识，这也是老师的意思，所以辅导作业依然是我们这个家庭的一桩愁事儿。

不夸张地说，没有一天是她自己主动写作业的，全靠我们记着。我们要忘了，那就完了。

每天到家，只要我们不叫她写作业，那就是"混"，装作什么事儿都没有的样子偷偷玩儿。她的手里、包里总有小东西，一个橡皮能抠上半天，一看我们看着她就赶紧藏起来。

叫她一遍：差不多该写作业了啊！她说，哦，我洗个手就写。洗完手又玩儿上了。我走过去把她的手拽出来，准是手里藏着一个小玩具。

写作业了啊——这句话我们得说上好几遍。终于要开始写了，那也是各种拖，放个铅笔盒能放半天。

要说斯斯做什么主动，那要数玩儿了。约上几个小朋友，自己就下楼了，她总是那个牵头儿的，天黑也不怕，麻利着呢！

我真希望她能把这份主动用到写作业上，可惜！

一、作业动机：给写作业的孩子加上"优质油"

1. 主动性：孩子眼中的那道光

如果你观察过幼小的孩子，你会发现，他们在做自己喜欢的事情时，会特别专注、投入。通常，这些事情在大人看来是特别寻常的：

也许是挖沙子、玩泥巴；也许是搭积木、拼拼图；也许是玩雪球、踩水坑；也许是玩奥特曼或芭比娃娃，也许是用水彩笔画画，或者用剪刀做手工；也许是扒拉路边看上去一模一样的栏杆，或者撅着屁股数地上的小石子……

在幼小的孩子看来，这个世界是那么奇妙，好像充满着魔法，而他们也对这个世界充满了好奇心，愿意主动地去探索。难怪他们在探索的时候，眼睛中会有光。

那么，这种"光"来自于什么呢？人在做任何事时都需要有动机来推动，**动机就是推动人向着目标前进的动力**。当人对要做的事情有发自内心的动力时，眼睛里就会有光。这种完全出于内在的、让人积极主动的动力，就是"**内在动机**"，也就是我们常说的"内驱力"。

在上文中斯斯爸爸的讲述中，斯斯是一个对玩儿很主动的孩子，这就说明她对玩儿有内在动机。

但是一说到做作业，孩子眼中的光就黯淡了，因为她并不想做，只是处于外在压力而不得不做。这种在外在压力下做事的动机叫作"**外在动机**"。人在外在动机下做事，难免别别扭扭、应付差事。我们大人在做不想做的工作时也会这样，比如上班"摸鱼"。

2. 孩子为什么会主动做作业

动机对于人做事很重要，就好像汽车油箱中的汽油。一辆车可以外观看上去很完整，所有零部件都正常，但如果油箱中没有油，它也跑不起来。

孩子对于做作业的动机就是"**作业动机**"。有的孩子无论家长怎么软硬兼施，完全不想做作业，这说明他还处在"**无动机**"状态。这种时候，孩子就像一辆没油的车。

如果孩子觉得做作业这事特别有意思，发自内心想去做，这就是对作业有**内在动机**，这当然是最好的动机。可是，有多少孩子能完全出于喜欢去做呢？外在的要求和压力总是会存在的，当孩子只是因为外在压力和奖惩机制去做作业时，推动他们的就是**外在动机**。

做作业也好，做工作也好，我们的动机经常会处在从内在动机到外在动机这个连续体之间的某个点上。在这个连续体上，靠近内在动机一端的是"**自主动机**"，也就是"**我要做**"；靠近外在动机一端的就是"**受控动机**"，也就是"**要我做**"。

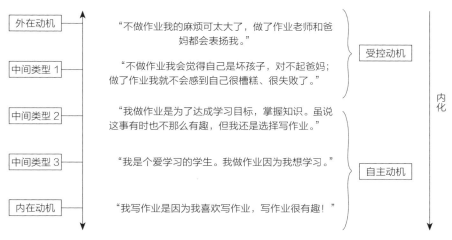

作业动机连续体

从上图可以看到，从外在动机到内在动机之间有几个过渡类型：

在**中间类型** 1 中，孩子会把外在的压力变成自己内心的压力，有一种勉强和被迫的感觉，所以中间类型 1 也属于受控动机。

到了**中间类型** 2，孩子虽然不一定完全喜欢做作业，但知道做作业对学习很重要。孩子认同了这个目标，并能够自主选择去做作业。这个时候孩子开始具有自主性了，属于自主动机。

到了**中间类型** 3 中，做作业的出发点变得更加内在，孩子发自内心想学习，因而想去做作业，所以也属于自主动机。这类和内在动机的唯一区别是，后者是完全因为作业本身有趣而愿意去做作业的。

3. 自主动机：让孩子前行的"优质油"

自主动机对于人的工作、学习、作业都有积极的作用。

在工作中，当员工出于自主动机去工作时更容易达到工作目标。而且，出于自主动机工作的员工，其工作成效和工作满意度都会更高。

在学习中，当学生出于自主动机学习时，他们会更投入，在课堂上会更专心，思维更灵活，对概念理解更深刻，思考会更积极，在学习过程中会更多地进行自我调节。最终，这些学生的学习成绩和心理健康程度都会更高。

同样，对于做作业来说，孩子出于自主动机做作业，作业的表现和效果也会更好。

如果说动机是汽车油箱中的油，那么自主动机就像优质的汽油，受控动机就像质量欠佳的汽油。我们最希望的是给孩子加上优质的油，因为优质的油不仅可以让车跑得更快，而且对车的长期养护更好。如果暂时得不到优质的油又要赶路，劣质的油也聊胜于无，甚至如果你猛踩油门也可以跑得很快。但如果你让自己的爱车长期加劣质的油，最终会损害车本身。就像有的孩子一直在外界压力下学习，时间长了可能会产生厌学、拒学的问题。

所以，为了孩子长久的、可持续的发展，我们还是要尽量激发孩子的自主动机，让油箱装满优质的油。

二、奖惩法：让孩子主动做作业的初阶方法

1."送你一朵小红花"

在很多幼儿园和小学低年级教室的墙上，都会有一个"小红花"榜，孩子表现好会被贴上一朵小红花，攒齐一定数量的小红花又可以兑换物质奖励。

小红花看似简单，背后大有深意。

"小红花法"在本质上是一种奖励。与此相对，有些老师和家长也会给孩子"记黑账"，如果孩子有不好的行为会被记录，事后会被惩罚。奖和惩都是教育中经常采用的方法，也都是行为主义的方法。就好像武侠小说里有少林派、武当排、华山派、峨眉派……与这些门派一样，心理咨询和治疗领域也有不同的"门派"，每一派有不同的路数和优势，行为主义是其中一种。

行为主义学派只管人做不做某个行为，不管为什么去做。在这种情况下让人行动起来的往往是出于外在动机。外在动机也是动机，如果孩子对作业一开始还处在"无动机"状态，先激发出外在动机也是好的。

这也是为什么在幼儿园和小学低年级会用"小红花"的方式激励孩子，孩子也许还不明白遵守纪律的意义，仅仅为了得到小红花而去做，而他一旦去做，就可以逐渐形成良好的行为习惯，产生良好的效果。孩子一开始也不一定明白为什么要做作业，但是如果他通过按时、认真完成作业得到奖励，进而掌握了知识，产生了一种胜任感，那么他就会逐渐愿意做作业，逐渐会从外在动机向内在动机过渡和转化。

2. 强化、惩罚、消退，怎么用最好

行为主义的方法，就是通过改变行为的结果来改变行为的倾向性，具体有正强化、负强化、惩罚、消退四种方法，如下表所示：

行为主义改变孩子行为的方法

孩子的行为	家长的反应		效果
积极的作业行为	正强化	给予愉快刺激	行为频次增加
	负强化	撤销不愉快刺激	
消极的作业行为	惩罚	给予不愉快刺激	行为频次减少
	消退	不给任何强化物 不予理睬和回应	

当孩子有积极的作业行为（如主动写作业）的时候，我们可以对这种行为进行"强化"。强化又分为正强化和负强化：

正强化是指给予孩子所希望的结果，让他能继续主动写作业，比如给予表扬、贴小贴画、送小礼物、带他去看他喜欢的电影等。

负强化是指撤销不好的结果，比如当孩子能主动写作业时，把之前没收的平板电脑还给他。

强化可以近似地理解为奖励，但比奖励的范围要宽泛。奖励一般都是有形的、外在的、物质的，强化则有可能是任何促使某种行为频次增加的做法，比如把孩子获奖的手抄报作业贴在墙上。

当孩子有消极的作业行为时，我们可以根据不同情况给予惩罚或消退：

惩罚是指给予孩子不好的结果，促使消极行为减少，比如当孩子没有主动做作业时不让他看动画片（撤销"福利"）、口头批评他或罚他多刷一次碗（施加痛苦）。

消退是一种"冷处理"，就是不予理睬和回应，比如当孩子磨蹭着不去做

作业时先假装没注意到他，不立刻给予关注。

要塑造孩子好的作业行为，首先要以奖励为主。

在奖励时，要让孩子感觉到是他自己在主导写作业这件事，得到奖励是他做得好的一个自然的结果。开始可以奖励得频繁一些；当主动做作业的习惯已经逐步养成，要逐渐减少奖励频次，最终不必奖励，或只是偶尔奖励。

其次，慎用惩罚。

能不惩罚尽量不惩罚。如果要惩罚，惩罚的力度要和错误的程度相当，不能过度。如果偶然两次没有主动做作业就被大罚特罚，孩子觉得委屈、不公平，就会有反效果。

在惩罚的各种方法中，体罚更要慎之又慎。家长是否可以体罚孩子是个有争议的话题，但即使同意体罚的专家也认为体罚要有严格的限定条件，比如体罚时家长要冷静，不能让体罚成为一种情绪宣泄的方式。

最后，学会使用"消退"。

如果孩子的行为只是有小的偏差，忽视就好了。

有的家长对孩子的好行为视而不见，极少关注。孩子如果主动、认真地做作业，家长会完全忽视孩子，不给予积极的肯定，反倒是磨蹭、东张西望的时候家长会立刻关注。这时家长的关注本身就会成为对那些偏差行为的强化，家长过度关注孩子的小毛病，反而让偏差行为更频繁。学会采用消退法，同时对孩子的积极行为给予关注和肯定，就可以在一定程度上解决这类问题。

3. 用奖惩法促进孩子好的作业行为

本章开篇案例中的斯斯爸爸在面对斯斯的时候，感觉是一种"没招儿"的状态：

　　我承认，孩子现在这么费劲，我也有责任。从前我们没想过这个问题。她刚上一年级时，我们对于培养她写作业习惯的意识很淡，就想着才一年级不至于太差吧？我老婆是很随意的一个人，嘻嘻哈哈的。我也觉得孩子的天性该释放就要释放，不能压制。别说管理孩子了，我们对自己的管理都很松，我们也爱玩儿。

　　一年级时阿姨接她放学，到家后提醒她写作业，不过是说一嘴而已，她不写阿姨也不会管。最晚七点，我或者我老婆至少有一个人到家，阿姨下班走人，我们摁着孩子写作业。

　　到了一年级下学期期末考试，全班低于九十分的没几个，她考六七十分。怎么这么差啊？我们完全没想到。震惊之余才觉得该管管她了，可该怎么管呢？

　　再升就是四年级了，都说四年级是个分水岭，看她还是那么幼稚，我从心里着急。写作业是学生分内的事，分内的事不主动做，别的事能指望吗？

　　上周我和她谈话，要求她从这周开始，晚上回来洗手、吃饭、写作业，自己看着表，该干什么干什么，都干完，时间就属于她了，爱怎么玩儿就怎么玩儿，我们不管。

　　以前都是让她回家先玩一会儿，吃完晚饭再写作业。可她玩儿也玩儿了，饭也吃了，还是不会主动写作业，一次都没有过。既然如此，我说咱们改改，一到家就写作业。

　　她同意了。这周目前刚过了三天，她表现得很一般。晚上回来依然不会主动写作业，还是得我们把她轰到桌子边。要说进步，以前我们提要求，她做不好就耍赖，直接趴桌上睡觉，把她拎起来，她就东倒西歪的。现在能配合着写了，没那么抗拒了。

斯斯爸爸的误区很多家长也有：觉得管理孩子就是压制孩子的天性。和那些"关心则乱"、过度"鸡娃"的家长相反，斯斯家的问题是在孩子上学之初给予学习的关注太少了。

在孩子的成长过程中，一些关键期、转折期，需要家长更多的关注，以帮助孩子适应新的成长阶段。比如幼升小、小学三四年级转换期、小升初、初升高等。

在幼升小的转换阶段，对于斯斯来说，学不学习、写不写作业好像不是什么大不了的事，在家长和阿姨那里没有多少不同的后果，这样她的新行为就建立不起来。

由于没有从一开始就养成好的学习习惯，经过一段时间，斯斯在学习上就会有挫败感。分数不好虽然看似惩罚，但要改变起来对一个孩子来说难度太大，无从下手。

所以，要改变斯斯的状态，家长需要帮助她获得好的体验。在一开始，家长不妨做得多一点、帮得多一点，让孩子的作业质量有所提升，在作业评价上得到好的结果，这样就是人为地给她创造出成功体验。

在创造成功体验方面家长可以打开思路，有句话是"说你行，你就行，不行也行"，这句话的原意虽然是讽刺，但放到亲子关系上完全可以进行正向的理解。孩子在一件事上是行还是不行，很多时候就是家长说了算的。如果家长给孩子的目标是容易达到的，达到之后又顺理成章地给孩子强化，久而久之，孩子很可能就真的变得"行"了起来。

案例中，爸爸发现斯斯对于作业没那么抗拒，可以配合着写了，这就是一个好的契机，可以给孩子一些表扬和奖励。

还有，让孩子写完作业后可以去玩儿，就是让"玩儿"成了孩子写作业的"强化"。把孩子喜欢做的事情当作不那么喜欢的事情的强化，这是行为主义中常用的一种方法。家长可以有意识地利用这种方式，比如孩子哪一天比平时更好地完成了作业，哪怕只是进步了一点点，家长就可以给孩子的玩儿提供更多便利，或者陪伴孩子玩儿，玩儿出更多花样。

顺便说一句，有些家长在孩子完成了指定作业后，不让孩子玩儿（不给好行为强化），反而继续给孩子加码，布置更多的学习任务，这些附加的任务就成了孩子好行为的"惩罚"。家长的主观意愿是让孩子"更上一层楼"，可实际上会减少孩子做作业的动力，孩子会学会拖延、摸鱼、边玩边写。家长如果懂一点心理学，就不会做这种得不偿失的事情。

有心的家长还可以自创一些方法来强化孩子的好行为，比如可以借鉴"小红花"法，让孩子的进步和奖励"可视化"——看得见摸得着，这样的方法特别适合中低年级的孩子。比如，有个家长就给孩子手绘"欢乐币"作为奖励，事先商量好规则（如每天晚上九点半以前写完作业），孩子攒够一定数量的欢乐币，就可以兑换成钱，购买玩具。

还有，对于斯斯的情况，如果她在写作业时有一些小问题，比如写一会儿玩一会儿，东张西望，家长可以忽略。最多是稍微提醒一点，切忌小题大做。对于一个在学习上一直有挫败感、对写作业动机不强的孩子来说，这些行为是可以理解的。家长的忽略就是"消退"，是一种恰当的回应。

如果孩子确实犯了严重的错误，也不是不可以惩罚，毕竟惩罚是要"慎用"，不是不用。但是惩罚要尽量采用取消"福利"的方式，尽量不采用施加痛苦的方式。

很多孩子喜欢打游戏，游戏之所以吸引人，就是因为设计得很巧妙。比如，在初始阶段会比较容易，目标任务也简单，让玩家很容易上手；过了关之后，每一级和下一级别之间的梯度很小，让玩家"跳一跳够得着"；在成功通关之后，又会给予及时的奖励，不仅会晋级，还会掉"钱"、掉装备、给经验值，等等，让玩家觉得自己很棒。我们不会看到游戏骂玩家"真笨"，或者动不动给惩罚，反而是用尽一切方法让玩家有更好的游戏体验。一个孩子曾这样说自己为什么爱打游戏："我喜欢这种一点一点变强的感觉"。

如果说游戏的设计是基于多数人的共性，那么家长作为更了解孩子的人，完全可以让自己对待孩子的方式更适合孩子的个性。可惜的是，有些家长没有帮助孩子在现实中有"一点一点变强的感觉"，反而让孩子有太多的挫败感。

这里也要说明，行为主义的方法是有局限性的。比如，有的家长对孩子的学习成绩就是"简单粗暴"地明码标价，给予金钱奖励。这样的方法在一段时间内有用，但当孩子的成绩提升到一定程度，再给钱就没用了。人并不能像动物一样被训练，也不可能完全被环境操纵。人的心理世界是复杂的，我们不能只关注外在的行为以及行为的后果，也要关注人是怎么想的、怎么感受的。

三、内化法：让孩子主动做作业的进阶方法

我们在第二章中提到的"自我决定理论"意在关注人的内在想法和感受，尤其关注如何促进人的自主动机。如前文所说，如果我们希望孩子在写作业这件事上更加有主动性，从"要我做"变成"我要做"，就要促进孩子的作业动机从外在向内在转化，动机越内化，孩子也就越自主。

通过对大量研究的汇总分析，"自我决定理论"得出了以下有助于动机内化的建议：

第一，采用积极反馈法。

积极反馈就是告诉孩子他哪里做对了。积极反馈类似于表扬，但更加具体、更加有针对性。孩子受到积极反馈时会感到自己在作业这件事上是有能力的，因此会更愿意再去做。积极反馈不是奖励，它给孩子提供的是正向的信息，而不是具体的好处。

比如斯斯爸爸就可以说："我看见你一回家就开始写作业，晚饭前已经写完语文了，你这样做真棒！"

要让积极反馈法有效，反馈的内容**越具体越好**，比如孩子回家之后稍事休息就开始写作业、在作业中遇到问题时自己查找资料解决、在规定时间之前完成了作业，等等，家长一定要跟孩子说明哪里做得对。

可能家长会觉得，孩子做对了是不用说的，孩子能不知道自己做对了吗？做错了才应该说！可实际上，孩子真不一定知道自己做对了，也不一定想过自己是怎么做对了。家长的积极反馈会促进孩子积极的自我觉察，进而把做对的事情固化下来。

第二，慎用物质奖励。

德西和瑞恩最早创立自我决定理论，就是始于"外在奖励降低内在动机"的研究。他们的经典实验发现，如果对一项人们本来就感兴趣的事情进行奖励，人们反而会不那么喜欢做。其原因在于，当有外在奖励时，人们通常给自己的解释就是：这件事不是出于自己的兴趣，只是为了奖励，于是一旦没有奖励，他们就不愿意去做了。

有一个经常被引用的故事就说明了这个原理。一个犹太老人搬到一个小镇后，一群调皮的孩子总来骂他，轰他走。有一天，老人就给这些孩子每人一块钱，说这是给你们骂我的奖励。之后孩子们果然每天来骂他，他也如约付钱。过了几天，老人把奖励降到五毛钱，孩子们有些失望，但还会来，但是骂得不如从前起劲儿了。又过了几天，老人说自己没钱了，只能给每个孩子一毛钱，孩子们很生气，觉得不划算，一哄而散，以后再也不来骂他了。

故事中，孩子们本来是自己想骂人，但在老人的一番操作下变成了为了钱而骂人，这样当外在奖励去掉后，孩子们就不再那么做了。

所以，如果孩子本来就愿意主动做作业，或者对某个学科的作业有兴趣，家长就不要奖励。

这里提出慎用奖励和前面的"初阶方法"中说的给奖励并不矛盾。当人对一件事还没有动机时，外在奖励可以让人对这件事有外在动机；但是对已经有内在动机的事，就不必再多此一举了。

而且，即使是对孩子本来就不感兴趣的事情给予奖励，比如写不喜欢的科目的作业，给的奖励也不是多多益善，最好是给小的奖励。大的奖励会让孩子觉得这是一种"交易"，自己就是冲着奖励去做的。小的奖励会让孩子无法用追求奖励来解释自己的行为，反而可能会改变态度，觉得自己对这个科目也不是那么不喜欢，逐渐有了更加内在的动机。

第三，给予意外奖励。

尽管奖励会降低内在动机，但是意外的奖励不会降低内在动机。在作业方面，尽管你不应该在每次孩子主动做作业就给予奖励，但偶尔奖励一下孩子在作业上的努力和良好的表现还是可以的。

第四，慎用惩罚和消极反馈。

消极反馈就是告诉孩子哪里做错了。惩罚以及消极反馈通常会降低孩子的内在动机。孩子在被惩罚、被批评后，会感觉自己在这件事上缺乏能力，那么他就不想再付出努力。所以，如果我们希望孩子好好做作业，就不要经常指责孩子的作业行为。如果非说不可，可以参考第三章中的"洛萨达比率"

（在亲密关系中，如果要维持良好的关系，积极互动与消极互动的比率需要超过 5∶1），让负向互动的次数远远低于正向互动。

上一节的"初阶方法"和本节的"进阶方法"，针对的都是孩子不喜欢做作业（无动机）的情况，希望通过给予孩子恰当的反应（奖惩、强化、反馈等），把没有动机变成有外在动机，再把外在动机内化，逐渐向内在动机转化。除此之外，还有一大类方法是直接激发孩子的自主动机，这类方法属于"自主性支持"，会在本书第四部分中详细讨论。

四、家长的"心法"：让孩子主动做作业的高阶方法

1. 心法比功法更重要

家长在听家庭教育方面的课程、讲座时，一开始往往期望得到一些"招数"，就是一些具体的、可操作的方法，学到之后就用这些方法"修理"孩子。经过这个阶段，对方法好用、不好用有了更多体会之后，会慢慢想更深入地了解方法背后的理念，或者开始反省自己的心态。

如果说教育中具体的方法是武功的"功法"，那么其背后的理念和心态就是武功的"心法"。按照武侠小说的路数来说，"心法"比"功法"更重要。心法对了，功法可以千变万化，因地制宜；心法不对，招数只是表面文章、花架子，并无实效。

关于亲子教育，美国心理学家科胡特有一句名言："父母是什么样的人，比父母怎么做更重要。"这句话也说明家长的内在状态是更重要的。

那么，对于作业来说，家长的"心法"是什么，又该如何修炼呢？

2. 家长有自主动机，孩子才更可能有自主动机

回到孩子的作业动机这个主题，我们需要反过来思考的是，我们在辅导孩子时，自己内心的动机是什么？

你可能会说："这还用说吗？我必须这么做啊！"

为什么而做某事，就是我们做这件事的动机。出于喜欢、愿意去做，与必须去做、被迫去做有很大的区别，而孩子是可以敏感地觉察到这种区别的。

当我们带着这种"必须""不得不"的心态时，我们也会把这种心态传递给孩子，孩子也会觉得做作业是件苦差事，是"不得不做"的，于是我们着急上火，孩子没精打采。

如果我们发自内心愿意去帮助孩子更好地完成作业，在这个过程中，通过孩子的进步感受到作为父母的成就感、满足感，孩子才更可能出于内在的、自主的动机去做作业。

我们在讨论孩子的作业动机时说过，自主动机优于受控动机。同样的，在家长辅导孩子作业这件事情上，也是自主动机优于受控动机。一项研究发现，当家长出于自主动机去辅导作业时，会对孩子有更多支持性的行为，相应的，孩子也会更多出于内在的、自主的动机去做作业。

我们常说教育者要言传身教，在教育者言行的背后，就是教育者自己的观念、态度和动机等内在的东西，这些就是教育者的"心法"。想要孩子好，就不能只盯着孩子，也要反观自己的内心，从自己的内心做出改变。

3. 给自己加油，加好油

那么家长该如何改变自己的心态呢？在辅导作业这件事上，家长确实有不少"不得不"的因素，比如微信群中老师的督促、要求，各种打卡以至排

名，让家长难以淡定。一方面，家长希望学校和老师能减少给自己的压力，让作业更多成为孩子自己的事；另一方面，家长也需要了解，作业本质上确实是孩子自己的事，家长只是辅助。如果这个过程实在太过艰难，也不必逼着自己非做不可。家长首先需要给自己多一些自主空间和自主权。

从可操作的方面来说，家长可以尝试采用以下方法给自己"加油"，增强自己在帮助孩子时的自主动机：

（1）在生活中"富养"自己，尽量满足自己身体和心理的需要。

（2）看到自己辅导孩子时做得好的部分，常常进行自我肯定："我做得还挺不错嘛！"

（3）在状态不好时不勉强，给自己休息和调整的时间，让自己可以恢复，而不是持续处于疲惫的状态中。

（4）从孩子那里得到对自己做法的反馈，比如可以问孩子："爸爸（妈妈）怎样帮你，你觉得比较好？"根据孩子的反馈调整自己的方式。

（5）寻求外援，得到必要的帮助，如向亲人、朋友、孩子的班主任、学科老师以及专业人士寻求支持等。

✅ 作业支持工具

作业动机评估单

以下四个清单分别用于评估孩子和家长的作业动机，请孩子和你分别作答。

孩子作业动机评估单 -1（由孩子完成）

以下是关于你写作业的目的的一些描述，请在最符合你本学期实际情况的数字上打"√"。	非常 不符合	比较 不符合	比较 符合	非常 符合
1　我写作业是为了不让老师和父母对我发火。	1	2	3	4
2　我写作业是为了让老师觉得我是一个好学生。	1	2	3	4
3　我写作业是因为如果不写的话我会觉得惭愧。	1	2	3	4
4　我写作业是因为这是规定。	1	2	3	4

孩子作业动机评估单 -2（由孩子完成）

以下是关于你写作业的目的的一些描述，请在最符合你本学期实际情况的数字上打"√"。	非常 不符合	比较 不符合	比较 符合	非常 符合
1　我写作业是因为我想学习新知识。	1	2	3	4
2　我写作业是因为做作业很有趣。	1	2	3	4
3　我写作业是因为我喜欢做作业。	1	2	3	4

家长作业动机评估单 -1（由家长完成）

以下是关于你参与孩子作业的一些描述，请在最符合你实际情况的数字上打"√"。	非常 不符合	比较 不符合	比较 符合	非常 符合
1　我参与孩子的作业是为了不让老师对我发火。	1	2	3	4
2　我参与孩子的作业是为了让老师觉得我是一个好家长。	1	2	3	4

（续）

以下是关于你参与孩子作业的一些描述，请在最符合你实际情况的数字上打"√"。	非常不符合	比较不符合	比较符合	非常符合
3　我参与孩子的作业是因为如果不帮助孩子的话我会觉得惭愧。	1	2	3	4
4　我参与孩子的作业是因为老师要家长参与。	1	2	3	4

家长作业动机评估单 −2（由家长完成）

以下是关于你参与孩子作业的一些描述，请在最符合你实际情况的数字上打"√"。	非常不符合	比较不符合	比较符合	非常符合
1　我参与孩子的作业是因为我想帮助孩子学习新知识。	1	2	3	4
2　我参与孩子的作业是因为这样做很有趣。	1	2	3	4
3　我参与孩子的作业是因为我喜欢帮助我的孩子。	1	2	3	4

　　在上面的表格中，第一张表是关于孩子做作业的受控动机，如果评分较高（如高于 2.5 分），说明孩子会出于外在的原因做作业。第二张表是关于孩子做作业的自主动机，如果评分较高（如高于 2.5 分），说明孩子会出于内在的原因做作业。这两个方面不是矛盾的，孩子有可能出现"双高"（既有外在原因又有内在原因）和"双低"（无动机）的情况，也有可能会一高一低。

　　第三张表是关于家长参与孩子作业的受控动机，第四张表是关于家长参与孩子作业的自主动机，其解释和前面孩子的部分类似。

以上评估表仅供参考，主要目的是帮助家长了解现状，孩子和家长处在哪种情况都是正常的。家长可以思考以及和孩子讨论的是，如果希望自主动机可以稍微提高一些，在家庭中我们可以如何做一点小小的调整？

本章小结

1. 人的动机是一个从外在动机到内在动机的连续体。连续体上接近外在动机一端的是受控动机，接近内在动机一端的是自主动机。

2. 对于做作业来说，自主动机优于受控动机。

3. 要让孩子从无动机转化为有动机，家长可以采用行为主义的奖惩方法，以奖励为主，慎用惩罚，对于小的偏差行为可以采用消退法。

4. 要促进孩子写作业的自主动机，家长可以多给孩子积极反馈，少给物质奖励（可以偶尔奖励），慎用惩罚和消极反馈。

5. 家长参与孩子作业的动机会影响孩子的作业动机，家长的自主动机可以促进孩子的自主动机。

PART

其实孩子可以自己做作业：
自主高效做作业的心理法则

第三部分
培养必要的作业技能：
结构性支持

作业内容辅导：
帮孩子解决作业中的"拦路虎"

子曰："不愤不启，不悱不发。"

——《论语》

作业实景

很简单的题，为什么孩子就是教不会

作为一个受过高等教育的父亲，按说辅导小学生作业我是绰绰有余的，但现实是我每次辅导作业都会有一种深深的无力感。在我看来很简单的知识，愣是教不会我儿子小宝。我觉得是"小台阶"，到了他那里却是"珠穆朗玛峰"，高不可攀。比如一个字写了十几遍，再听写还是错；做数学题，他总能精准避开正确答案；审题也是，题目写得很清楚，要求答题者把正确读音"圈"出来，他还是能在正确读音下面"打钩"……

我讲快了，他跟不上，我讲慢了，他犯困。我都口干舌燥了，他还能扑闪着一双明亮又无知的大眼睛望向我："爸爸，我不会。"我是真心想知道他卡在了哪里。

比如有一天，儿子坚持说冰雪的"融化"是名词，不是动词。他的理由是冰雪融化是一种天气现象，就像风雨雷电是名词，融化当然也是名词。他这么一说，差点儿把我也给绕进去了，有那么一刻我都开始怀疑自己了。

再比如"将一根木头锯成 5 段，需要锯几次"这类题目，他对锯木头这事儿是一脸懵，他不具备类似的生活体验，我发现我很难给他讲明白。

教不会，到底是因为儿子笨还是我教得不好？

一、各种教不会，可能是因为……

小宝爸爸具体是如何辅导孩子的，我们不得而知，所以很难回答到底是孩子的理解能力有问题，还是父亲的辅导方式不好。但是在网络上有不少家长辅导孩子写作业的视频，和这位宝爸说的情况很类似，一般都是特别简单的问题，家长就是怎么讲也讲不明白，从这些视频中可以看到作业辅导的"众生相"。下面我们对几个典型的案例做一些分析，或许可以为这位困惑的宝爸提供一些参考。

1. 语文

例 1

家长：跟我说说这个字念什么？

孩子：x-i-ao 小，n-i-ao 鸟。小鸟。

家长：这是你写的鸟啊？

孩子：对啊，我不会写"鸟"，画了个鸟。

【解析】

这个孩子已经能正确地把拼音拼出来了，这就值得肯定，用画画代替写字也是孩子创造性解决问题的表现，所以家长不必指责、嘲笑孩子，直接教孩子"鸟"字怎么写就好。这个孩子看来喜欢画画，对图形很敏感，高明的家长可以让孩子了解"鸟"字从象形文字到现代汉字的演化过程，保证孩子以后再也不会忘了。

例 2

妈妈（读孩子的造句）："爸爸就像猪一样，上午睡觉，下午睡觉。"不行，这个要重新写一句，哪有这样造句的？

孩子：把"爸爸"改成"妈妈"吗？

【解析】

孩子的造句从语言本身来说并没有错，属于可爱的童言无忌。造句是写作的基础，而写作是从"我手写我心"开始的。

让孩子改，要给孩子讲清道理，比如不能影响爸爸在老师面前的形象，而不是简单地否定孩子。

例 3

孩子（指读）：凉州词，唐，王之涣，葡萄美酒加咖啡……

家长：看看清楚，你们老师就是这么教你的吗（打手）？

孩子：干吗打我啊？

【解析】

在这个例子里，可以看出孩子是死记硬背下来的，并不理解诗的意思，一些字也不认得。

在这首诗中，"葡萄美酒夜光杯"中的"夜光杯"不是孩子的生活经验，但孩子估计听过邓丽君的"美酒加咖啡，一杯又一杯"，所以才会擅自改成"葡萄美酒加咖啡"。

有人认为，古诗词孩子只要会背就可以，现在不理解意义无所谓，长大了就理解了。小孩子确实机械记忆优于成年人，但从记忆规律来说，只有真正理解的内容才会形成长久的记忆。所以我们至少要让孩子知道诗词的字面意思，对内容有初步的理解。

　　王之涣的这首诗是一首边塞诗，如果孩子在课上没有学会，家长可以给孩子讲讲历史上的边塞故事，或者给孩子看看相关的国风动画片，再讲这首诗孩子会更容易理解。

2. 数学

例 1

　　家长 1（怒吼）：别看我，看题！你妈妈身高 1.6 什么？

　　孩子 1：毫米。

　　家长 2（笑）：我想问一下谁家的床有我家的大：长 150 米，宽 140 米，面积 21000 平方米！

　　家长 3（怒）：5 米长的钥匙，洗衣机高 1 厘米，15 米长的铅笔，你信不信我抽出我 40 米的大砍刀？

　　孩子 3：你 40 米的大砍刀刚好削我 15 米的铅笔。

【解析】

　　这三个家长遇到的是同样的问题，就是孩子对**测量单位**缺乏理解。

　　成年人对测量单位有清晰的理解，因为我们无数次地亲身体验、应用过这些单位。要让孩子学会这些单位，可以带着孩子量量家里的家具、量量他们自己的学习用品、生活用品，量量爸爸妈妈和自己的身高，让孩子通过亲身经验对测量单位形成概念。否则，这些尺度就是抽象的概念，他们会记得很辛苦。

　　涉及其他测量单位，如重量、体积等也类似，家长可以用动手实践的方式帮孩子掌握。

例2

家长（念题）：图里一共有几人（图片是唐僧师徒4人)?

孩子：2人。

家长：1、2、3、4，怎么是2人？

孩子（指孙悟空和猪八戒）：因为他俩是动物。

【解析】

应该说这里老师出题不严谨。孩子此时处在**具体形象思维**阶段，会关注图片的细节，容易被题目中的**无关特征**干扰。所以家长不必责备孩子，而应教给孩子答题的技巧，比如这里是在做数学题，可以忽略孙悟空和猪八戒原来是动物的这个特征。

例3

家长：一家三口吃饭需要6根筷子不对吗？

孩子：因为我不用筷子，我用勺子啊！

家长（提高声量）：假如你用筷子的话是不是需要6根筷子啊？

孩子：我不想用筷子呀！

【解析】

这个孩子也是处在具体形象思维的阶段，他的问题体现了这个阶段思维的"自我中心"的特点，就是孩子会从自己个人的生活经验出发去进行判断（"我不想用筷子"），不能根据题目陈述，从中抽象出一个数学问题。

家长要做的不是跟孩子争论他本人用不用筷子，而是帮助他认识到在答题时，需要根据题目已知的条件进行推理，而不是代入个人经验。这种思维转换需要一个过程，急不得。

3. 英语

例 1

孩子：我又不出国，我学它有啥用啊？

家长：不出国就不学英语啦？

孩子：嗯。

家长：那外国人来我们中国，他们说话你也听不懂啊？

孩子：我不理他们。

【解析】

这是关于学英语的用途的问题。孩子觉得学英语无趣又有压力，就会给自己找不学的理由。这时给孩子讲道理一般不会有什么效果。

要激发孩子学习英语的动力，需要让他亲身体验学英语的乐趣，比如通过游戏、歌谣、绘本、动画片让他接触到英语有趣的一面，而不仅仅是背单词、记语法等学习这些相对枯燥的部分。

例 2

家长：water, water, water。

孩子：瓦特儿，瓦特儿，瓦特儿。

【解析】

英文单词 water 里的第一个元音 [ɔː] 是汉语里没有的音，人在学习母语中没有的音时会格外困难，一般习惯用母语中近似的音代替，成人说外语时带的口音往往也是这么来的。这里有两个解决方法：

第一，就这个音本身多做模仿练习，练习的时候可以稍微夸张、放大一些，形成肌肉记忆。

第二，增加英语的语音输入，比如看一些英文的动画片，听英语的歌曲、童谣。这些不需要刻意为之，就是作为家庭娱乐或背景音即可。"听说读写"中"听"放在第一位是有道理的，先得有英文的耳朵才能有英文的嘴巴。

好消息是，儿童期是学习语言的黄金时期，在儿童期接触外语的人，如果有合适的语言环境，外语的发音和表达可以达到接近母语的程度。

例3

家长：你看这个 say 是不是动词？动词后面是什么词？

孩子：打次。

【解析】

这个孩子挺有幽默感，也挺会气家长。

从语言学习的规律来说，初学以培养语感为主，在有了充分的听说经验后再教语法。初学就教语法容易让孩子产生畏难情绪。如果是必须要会的知识点，需要通过更多举例来帮助孩子掌握。

4. 为什么孩子就是教不会

这些辅导作业的场景通常作为搞笑视频传到网上，笑点就是孩子的错误有多么"离谱"和"奇葩"，家长有多么崩溃。但分析下来可以看出，孩子做错或者不会的地方往往和学习内容的难度有关，也和孩子在这个阶段的思维特点有关，是情有可原的。当家长急躁时，孩子会感到委屈，比如有个孩子就哭着说："现在你这么说我，我也啥都不会，我还怎么学啊！你都这么对我了，从此以后你的孩子就是'笨蛋'了！"孩子此时需要家长的接纳以及心平气和的帮助。

家长的困惑也可以理解，家长往往以为辅导简单的知识很简单，不理解"怎么这么容易都教不会"，从而产生挫败感。

可实际上，教会简单的知识并不简单。成年人的思维方式和孩子的思维方式有巨大差异，要教会孩子，就需要对儿童心理有所了解。同时，要辅导特定学科，也需要具有一定的学科教学经验。家长如果缺少这些知识和经验，遇到困难是正常的。所以既不必怀疑孩子，也不必怀疑自己，而是需要学习一些相关的理念和方法。

二、家长怎么教最有效

1. 学学专业教师的方法

辅导孩子写作业就一定要鸡飞狗跳吗？其实生活中也不乏正面的案例。

近日，有一位姥爷在网上火了。他是一名有着 40 年教龄的中学数学退休教师。在他眼里，外孙女不是学霸，身上有着同龄孩子的很多共性问题，在班里的成绩也只是中等。小学二年级开始，他针对外孙女的情况开设"小课堂"，因材施教，主要目的是提高她的专注力，锻炼数学思维。他以课本为基础，有时也会自己找一些典型例题。

2021 年，他的女儿把爷孙俩的学习日常拍成视频发到了亲友群里，大家都觉得通俗易懂，有亲戚甚至要求持续追更。在女儿的鼓励下，他在网上开设了账号，希望能够发挥余热，分享知识，让更多人一起学习、一起进步。

在视频号中，这位姥爷讲解了近 800 道小学数学题，吸引了近百万网友前来学习打卡，在线"蹭课"。有不少家长在评论区表示"听了讲解，终于知道怎么给孩子讲题了"。

作为退休教师，这位姥爷具有丰富的数学学科教学经验，这一点是普通家长不能比的。但是他在辅导过程中有一些特点和方法，普通家长可以参照学习。

第一是**态度**，他对孩子没有多余的批评和数落，而是心平气和略带微笑，和孩子有对话、有回应。这一点是最重要的，可以让孩子有一个积极、专注的学习状态。

第二是**语言**，作为曾经的专业教师，姥爷的讲解语言简洁精炼，没有废话，口齿清晰，抑扬顿挫。反观一些家长，在讲解时会在不重要甚至无关的地方纠缠，重要的地方反倒没有表达清楚。

第三，从讲课方式来说，姥爷非常重视"**可视化**"的方法，边讲边在小黑板上写板书，包括标出题干中的关键词，标出已知条件，能画图的地方就画图，需要列算式的就列出算式。他使用小黑板可能是因为要录视频，普通家长可以在纸上边讲边写，让孩子可以看见家长的思维过程。如果只是干讲，孩子有一点跟不上就会越听越糊涂。

第四，讲解有相对**固定的次序**，让孩子（包括观众）形成听讲的习惯，这个习惯也是孩子自己需要学会的解题次序。姥爷一般都是先带着孩子一起审题，列出已知条件，然后告诉孩子解这道题用的是什么方法或者什么知识点，再把解题过程讲解出来，中间会适当提问，讲完了会问孩子："你学会了吗？"孩子就会响亮地回应："学会了！"整个过程清晰流畅。

第五，讲解时会用一些**通俗易懂的说法**。比如讲到一些数字之间的关系，姥爷说 25 和 4 是"好朋友"，因为 25 乘以 4 等于 100；125 和 8 是"好朋友"，因为 125 乘以 8 等于 1000；37 和 3 也是"好朋友"，因为 37 乘以 3 等于 111。"好朋友"的说法对孩子来说非常亲切，易于理解和接受。

或许是"幸福的家庭都是相似的"，在一些擅于辅导孩子的家长身上，也会体现出这种积极、耐心、有方法的特点，比如下面这个例子中的妈妈。

那天我刚下班，一进门，孩子奶奶就说："你赶紧辅导一下吧，有一道题，补习班的老师讲了十遍她还不会，老师生气了，她也哭了。"

我一看，女儿正坐在沙发上低着头抽抽搭搭的，我递给她两张纸巾，把她拉进小屋。"没事儿。"我说："妈妈给你讲。"

那是一道很长的应用题。我把题目拆开揉碎，一段一段来，一个分号一个分号地来，让女儿给我讲这是什么意思。最后我发现她不是数学不懂，而是语文不懂。我教了一遍她就会了。我"换汤不换药"又出了一道新题目，她也做对了。

我心里有数了。我使劲抱了抱她，夸她战胜了难题，是个勇敢的小姑娘。见她情绪好多了，我去厨房帮婆婆准备晚饭。

一边洗菜，我一边跟老人家聊天："唉，说真的，那道题表述不够顺畅，不直白，而且机构老师可能有他的问题。"婆婆不太同意："人家是学数学的研究生呢！"言下之意就是老师很"厉害"，不可能教得不好。

其实在和女儿同学的家长们交流时我就发现，在很多成年人的认知里，有些题"应该会但就是不会"无外乎两个原因：笨，不认真。我觉得不见得，这当中有很多综合因素共同作用，但家长看不到，又没有同理心，不能体会孩子在遇到难题时是怎么想的，不能把自己和孩子区分开，还觉得"很简单啊，就这样第一步，然后第二步，再第三步就出来了，你怎么就不会呢？"他们幻想着孩子应该主动地、快速地、直线进步地学出来。

2. 理解孩子卡在了哪里

有的家长会说，我也希望能够好好地给孩子讲明白，可他就是学不会，不知道卡在了哪里。

这里有几种可能的原因。

首先，有可能家长在辅导时过于急躁，语速过快，孩子难以理解，导致辅导效果不佳。语速快有时是不自觉的，心情一急躁就越说越快，这里需要有个自我觉察，让自己适当放慢语速。

其次，家长的讲解有可能高于孩子的理解水平。家长以为自己已经在"深入浅出"了，但对于孩子来说可能还是太深了。有的家长在讲解时，过多使用了成人化的语言和书面语，或者句子过长，这些因素也会影响孩子理解。给越小的孩子讲解，句子就要越短，用语也需要贴近孩子的语言。

最后，家长可能受限于自己对学科的理解能力和表达能力，讲解得不够清晰，甚至有些讲述是错误的。

出现这些问题，一个重要原因是家长作为成年人离孩子的思维太远。有时候同学讲题反而比家长有优势。比如，一位经常给同学讲数学题的女孩这样分享她的讲题经验："一个班的同学，你大概知道他是什么水平。程度比较好的，可能就是有个别关键点没通，把关键点给他讲清楚就好了。程度比较差的，就得从审题开始，掰开了揉碎了给他详细地讲。你还可以让他说说自己是怎么想的，发现他哪些地方没搞明白，然后再有针对性地讲。"

如果出现怎么讲都讲不明白的情况，家长需要先了解孩子的想法，比如前面那位妈妈让女儿给她讲题目的每句话是什么意思，上面案例中的这个女孩也让同学"说说自己是怎么想的"。这个方法在心理学中叫作**大声思维**，就是让孩子说出他的思考过程，之后再有的放矢地进行讲解。

有的时候，在和家长对话的过程中，孩子已经暴露出了卡点，但家长因为过于激动、急躁，没有听出来。比如下面这个例子：

家长：长方形有几个直角？

孩子：1个。

家长：哪个？

（孩子指长方形右上方的角。）

家长：为啥就这一个呢？

孩子：数学老师说只有一种直角。

家长：这个地方是直角，这个、这个和这个它就不是了吗（指另外三个角）？

孩子：不是。

家长（急）：为啥不是？这不都是直角吗？把直角标出来。

（孩子标了右上的直角。）

家长：那这样呢（依次旋转作业本让孩子标）？

（孩子每次都标了右上的角。）

家长：画完了是不是？画完了我们转过来看（把本转到正面），你总共标了几个直角？

孩子：1个（实际上已经标了4个）。

家长：就这样还是1个直角吗？哪个是直角？

（孩子依然指右上的角。）

家长（崩溃）：我真的是服了你了。它没变咋就不是直角了呢？这个直角就只能在这个位置（指右上角）？

（孩子点头。）

从这个例子可以看出，孩子压根就没有理解什么是"直角"，家长虽然变着法子让孩子画出直角，但因为孩子不理解直角的概念，所以讲多少次都没用。

我们仔细听孩子说的话，可以看出他有两点误解：

第一，误解了数学老师说的"只有一种直角"。数学老师应该是在给学生讲解锐角、直角、钝角的语境下讲这句话的。锐角、钝角都可以有多种角度，但直角只有90度，所以是"只有一种直角"。但孩子根本没有理解这个概念，单单记住了"只有一种直角"，在做题时以为一个长方形只有一个直角。

第二，孩子在长方形上标直角时，只标右上角。这很可能是因为老师上课时在长方形的右上角标了直角，孩子记住了这个无关特征（当没有掌握概念的基本特征时，会记住一些次要特征甚至无关特征）。

在这种情况下，家长不要继续纠缠这道题，而是需要回到课本，把直角的概念带着孩子重新学一遍。

3. 概念是基础，教会很重要

在前面举的例子中，"直角"对于孩子来说就是一个新的概念。

对于特定学科的学习来说，概念是这个学科所有知识的基础。当孩子没有理解基本概念时，家长需要回到书本上，帮孩子真正掌握概念。

教孩子掌握概念有两种方式：

第一种是让孩子从大量同类事物的不同**例子**中掌握概念。比如对于"椅子"这个概念，孩子先见过了各种各样的椅子，再告诉他这些都是椅子，他就会自己总结出这些不同椅子所具有的共同特征，也就是椅子的**基本特征**。

第二种方式则是通过**定义**来学习概念，比如，告诉孩子"椅子是日常家具，是一种有靠背的坐具，有的还有扶手"。

可以看出，在定义中通常包括以下要素：

第一是当前概念的"上位概念"，对于椅子来说，就是"日常家具""坐具"，知道了上位概念，孩子就知道当前概念在整个知识体系中的位置。

第二是概念的基本特征，如这里的"有靠背"。

第三是概念的次要特征或无关特征，如这里的"有扶手"。

在教学中，"例子"和"定义"这两种方式需要结合使用，这种结合产生出了两种组合方式。

第一种组合方式是"例子—规则—例子"，简称"**例规例**"法。

在这种方式中，第一步给孩子呈现各种各样的椅子（例子）；第二步引入椅子的定义（规则），通过定义修正孩子之前形成的椅子的概念；第三步引入新的例子让孩子判断，从而确认孩子掌握了这个概念。

这里需要注意的是，在呈现例子时，要既呈现正例（符合椅子概念的坐具），又要呈现反例（如凳子），从而帮助孩子掌握概念的基本特征。

在呈现正例时，要确保例子的多样性，也就是说，在次要和无关特征上有多样化的差异，如扶手椅、电脑椅、明式椅、折叠椅、圈椅、摇椅……

在讲解定义时，也要把上位概念、基本特征、无关特征说清楚。

"例规例"法的优点是它特别适合进行"启发式"教学，就是在给孩子呈现例子后，让孩子自己猜测定义是什么，基本特征和无关特征是什么，再告诉孩子正确的定义。通过自己探索学到的概念，孩子会掌握得更牢固。

第二种组合方式是"规则—例子—规则"，简称"**规例规**"法，这是在学校课堂教学中普遍采用的方式。

在这种方式中，首先给孩子呈现概念的定义，讲解清楚；再给孩子呈现例子，包括正例和反例；第三步回到规则，进一步分析这些例子如何体现概念的基本特征和无关特征，从而帮助孩子正确掌握概念。

"规例规"法的好处是比较快捷，适合对该方面已经具备较好概念体系和知识的孩子，但缺点是与孩子以往知识经验的联系较弱，一上来就给定义，会让孩子缺少独立探索的过程。

家长如果需要重新教孩子概念，需要利用好孩子的教科书。教科书上都会有概念的标准定义，一般也会给出正例、反例。比如对于前面描述的"直角"的例子，就需要带着孩子重新学习教科书。在教科书的基础上，可以再补充一些扩展的例子。

以上这两种教学方式不仅适合教概念，也适用于讲解命题或定理。讲解时只需要把概念和定义换成命题或定理的陈述（如"三角形两边之和大于第三边"），例子变成能体现定理的例子（如各种不同形状的三角形）。

给孩子讲解语文、英语中的语法也类似，因为语法也是一种规则，同样可以采用"例规例"法或"规例规"法。

三、不同年级的孩子怎么辅导

1. 小学中低年级

前面举的例子以小学中低年级为主，中低年级的孩子基本处在**具体形象思维**这个阶段，他们更倾向于关注事物在形象上的特征，容易忽视事物核心的、基本的特征，比如下面这个例子。

（题目是"圈出每一行中的不同类"，图片中有四个小孩，包括三个女孩一个男孩。）

家长：告诉妈妈哪一个不同？

孩子：这一个不同（指了其中一个女孩）。

家长：为什么是这一个不同？

孩子：因为他们几个头都大（图片中两个女孩和一个男孩头比较大，孩子选的那个女孩头比较小）。

这是一道分类题，孩子按照头的大小分类，体现了典型的具体形象思维阶段的特点，即把形象方面的特征（无关特征）当成了基本特征。家长不应嘲笑孩子，而应先听取孩子的想法，再将其注意力引导到性别这个基本特征上。这是一个从具体到抽象的过程，培养的是孩子的类别思维——这也是抽象逻辑思维的一个重要方面。类别思维还可以在生活中培养，比如让孩子收拾玩具和整理个人物品就是很好的分类练习，这也可以看作一种"做中学"的实践学习方法。

由于小学中低年级儿童的思维以具体形象思维为主，因此在辅导作业时，家长可以尽可能联系孩子的生活经验，采用图画（包括示意图）、物品（教具）等形象的辅助方式。即使对于更高年级的孩子，图表法（如"思维导图"）和"做中学"的实践都是非常重要的。

孩子的生活中充满具体的形象，要把这些形象同概念、符号联系起来，并且要用这些陌生的东西答题，是一个需要适应的过程。中低年级时学习的效果在很大程度上与适应的快慢有关。在这个过程中，家长的鼓励、支持、帮助很重要。

2. 小学中高年级到初中

孩子在四、五岁就具有了抽象逻辑思维的萌芽，比如这时就能够理解游戏规则，根据规则进行推理。

到了小学阶段，抽象逻辑思维会进一步发展，从具体形象思维向抽象逻辑思维转变有个**关键期**，研究发现，这个关键期一般发生在小学三四年级时。经过这个关键期的孩子在思维品质上会有质的飞跃。

但这时的抽象逻辑思维还较为依赖于具体的形象，抽象程度不高。

在这个阶段，要提升孩子的思维品质，家长有必要帮助孩子拓宽视野，尤其是拓展课外阅读。在作业内容辅导中，家长在继续借助具体形象的、可视化的方法之外，可以逐渐提升抽象水平，比如在确认孩子可以理解的前提下，从概念到概念、从符号到符号地进行讲解。比如在讲解四则运算时可以直接讲"先乘除、后加减"的运算规则，不用像小学低年级那样要把数字和具体物体相对应。

这里也要提醒一下，家长的辅导、讲解要适度。要先给孩子自己思考的空间，家长的辅导只是辅助，不能代替孩子自己的思考。孔子在《论语》中说："不愤不启，不悱不发。"意思就是教育者要等到学习者苦思冥想依然不能解决问题时再去启发，这样效果最好。现代教育心理学主张教育者要给学习者提供"脚手架"式的支持，而脚手架提供的就是必要的帮助，一旦建筑盖好，脚手架就可以撤掉了。同样，一旦家长发现孩子已经可以凭借自己的力量解决问题，就不要再过多地辅导了。

3. 初中到高中

孩子上了中学以后，**抽象逻辑思维**开始具有主导性，但具体形象思维依然会发挥作用。

研究发现，初二是抽象逻辑思维发展的关键年龄，在这个时期，青少年的抽象逻辑思维从较低的**经验型水平**向较高的**理论型水平**转化。同时，一些思维品质没能及时转化的青少年在学习上会出现"初二现象"，即在初二学习发生学习跟不上的情况。

到了高中，青少年的思维更具抽象性、系统性。到高二左右，抽象逻辑思维发展较为成熟，趋于定型。

对于思维能力处在发展中的青少年，要促进他们的思维品质提升，家长的角色需要从指导者转为共同讨论者，即通过讨论帮助孩子从不同角度思考问题，学会独立思考，而不是把自己的想法强加给孩子，要求孩子照做、服从。

如果家长真的已经尽了最大努力去辅导作业，但效果就是不好，也不能都怪家长。自己掌握一门学科和能成功讲授一门学科是两回事，所以教师才是一个"术业有专攻"的职业。家长如果怎么教都教不会，与其着急上火破坏亲子关系，还不如接纳现状，把作业内容辅导这个环节适当"外包"出去，比如让孩子学会自己利用在线资源、APP来解决不会的问题，问同学、问老师，或找"外援"辅导作业。

✅ 作业支持工具

家长作业内容辅导评价表

家长作业内容辅导评价表主要是为了帮助家长了解自己在作业内容辅导方面的情况，由孩子填写。

家长作业内容辅导评价表（由孩子填写）

下面是关于你的父母辅导你作业的一些陈述。你同意这些陈述吗？请在最符合实际情况的数字上打"√"。

		非常不同意	不同意	同意	非常同意
1	在辅导我作业的时候，父母把我不明白的地方讲得很清楚。	1	2	3	4
2	父母会清楚地解释与作业内容有关的原理、规律。	1	2	3	4
3	父母让我知道如果忽视学习中的原理、规律会有什么后果。	1	2	3	4
4	父母会给我清楚的建议和指导。	1	2	3	4

如果孩子的答案中以"同意"或"非常同意"为主，说明家长在结构性支持的内容方面做得较好，能给予孩子高质量的辅导，反之则有待提高。

如果孩子给家长的评价偏低，家长可以根据孩子的反馈改进自己的辅导方式，也可以把作业内容辅导这个环节"外包"出去。

本章小结

1. 孩子的"错误"和"学不会"的背后都有其原因，了解原因才能有的放矢地进行辅导。

2. 孩子的认知发展有不同的阶段，作业辅导要适应孩子在不同阶段的特点，在小学阶段尤其要了解具体形象思维的发展规律。

3. 没有真正掌握概念是学习中出现很多错误的原因，所以要先把概念搞清楚。概念教学要讲究方法，可以采用"例子—规则—例子"或"规则—例子—规则"两种方式。

4. 家长在作业内容辅导中需要注意让自己的表达符合孩子的理解程度，注意语速、用词、句长等多种因素。

5. 家长的作业内容辅导方式需要根据孩子的年龄和思维水平进行调整，逐渐从具体形象思维到抽象逻辑思维进行转化。

第七章

作业规范：
帮孩子建立内在秩序感

谨慎地选择你的战场，其他地方放轻松就好了。

——佚名

作业实景

怎么这孩子的规矩就立不起来呢

我儿子轩轩读小学二年级，写作业坐不住。经常是我们正忙着，他找一个话头儿来和我们聊天。聊着聊着我们突然醒悟过来，"哎，你不是应该在写作业吗？你来这儿干什么？你回去！"

这种"坐不住"不光是身体上的，也是精神上沉不下来、静不下来的体现。他写作业，数量、质量都难以保证，能对付就对付，恨不得赶紧对付完，字写得龙飞凤舞，最后你一查，准能漏下一两项。

他姐姐小时候做作业，我们只需要口头指挥一下就不用再管了。他不行，需要后期跟进，问细节、问结果。

我想磨一磨他的毛躁，刻意扳一扳他"对付"的心态，就给他立了个规矩：写得不好的字，擦掉重写。他委屈得哭，觉得自己已经完成了，就因为妈妈说他写得不好，又要花时间写一遍，好烦！一个字的左边写错了，他只擦左边，不舍得全擦。行，那我擦！那天写造句作业，格式没写好，我擦掉让他重写，我说用哪两个词造句来着？他气哼哼地说："我也忘了！"

都说教育孩子得有规矩，怎么轩轩的规矩就立不起来呢？

一、不以规矩，不成方圆，作业也是一样

1. 为什么要有作业规范

规范，也就是"不以规矩，不成方圆"。规范本身是客观存在的，无论是作为底线的法律，还是文化传统、公序良俗，都属于规范，学校的校规校纪、要按时上交作业的常规也属于规范。所以本质上，家长不是规范的"生产者"，而是规范的"搬运工"。

和规范相反的就是混乱。媒体有时会报道一些"熊孩子"的破坏行为，比如在餐馆里追跑打闹，在琴行里把昂贵的钢琴弄坏，在公共交通工具上踢孕妇等，这些行为都是对社会规范的破坏，也会给自己和他人的生活带来混乱。

家长教给孩子规范并不仅仅在于帮助孩子适应社会，更在于帮助孩子建立内在的秩序感。有些家长很少约束孩子的行为，孩子通常的反应是得寸进尺，这些逾矩的行为是在试探家长的底线。如果家长此时能给孩子以明确的要求，孩子就会知道自己行为的界限在哪里。

规范具有客观性，不会因为家长不提要求而不存在。没有学会基本规范的孩子表面上受到了溺爱和纵容，实际上会感到生活中缺乏确定性和安全感，而他们迟早会在家庭之外因触犯规范而被惩罚。所以这些孩子会感觉很困惑——自己似乎什么都可以做，但又举步维艰。一个在这种环境中长大的孩子这样描述自己的感受："走着走着撞了头，然后发现这里有堵墙；走着走着摔了跤，然后发现这里有个坑。"而在心中有规范的孩子心中，世界是有秩序的，是有规则的。

孩子的作业也需要有规范。在前面一章中，我们谈到如何辅导孩子写作业，但在有些家庭中，家长没有能力辅导孩子的作业，这并不是家长的错。参与孩子作业的方式有很多种，辅导作业只是其中一种，而且也不见得是最重要、最有效的一种。国外一项对处境不利家庭的研究发现，家长给孩子提供结构或规范方面的支持可以提升孩子的作业表现，比如给孩子预留适合做作业的安静环境和时间。做好这一点，就可以对孩子的作业和学习有显著的促进作用，由此可见设立作业规范的重要性。

2. 规范要符合孩子的天性

那么该如何给孩子设立规范呢？很多家长觉得我已经把应该遵守的规范告诉孩子了，他就应该"听话"。这些家长把规范的培养理解为一个类似"复印"的过程，好像给了模板孩子就应该、也可以原样复制出来。实际上，规范的形成过程远比"复印"要复杂得多。

在美国电影《苹果酒屋的法则》中，摘苹果的工人们发现，在他们的宿舍房间中贴了一张清单，上面有好多条可笑的规则，比如"不允许爬上屋顶吃午饭"，而屋顶是工人们吃午饭的最佳去处，所以他们抱怨说："定下'苹果酒屋法则'的人根本不住在这里。他们凭什么用那些规则来约束我们？我们自己的规则应该由我们去制定。"我们希望培养的孩子既不是没有规矩的，又不是没有独立思考能力、只知服从的。前面轩轩妈妈困惑"怎么我家的规矩就立不起来"，一个可能的原因是，妈妈在制定规范时没有考虑轩轩的感受。

教育者需要考虑被教育者的感受。如果面对的是孩子，就需要基于孩子的天性来制定规范。

我国明代著名思想家、以倡导"心学"著称的哲学家王阳明先生就指出，给孩童开蒙需要符合孩子的天性，在记录他的教导的《传习录》中，《训蒙大意示教读刘伯颂等》一篇这样写道：

"大抵童子之情，乐嬉游而惮拘检，如草木之始萌芽，舒畅之则条达，摧挠之则衰痿。今教童子，必使其趋向鼓舞，中心喜悦，则其进自不能已。譬之时雨春风，霑被卉木，莫不萌动发越，自然日长月化；若冰霜剥落，则生意萧索，日就枯槁矣。"

"训蒙大意"就是儿童启蒙教育的基本原则，"教读"指教师，王阳明曾在赣南兴办社学，这一段是他写给社学教师刘伯颂等的话，意思是："小孩子的天性就是喜欢玩耍，不喜欢拘束，好像草木刚发芽一样。这个时候顺应天性就会促其健康成长，而摧毁阻挠他们的天性就会造成枯萎病态。因此教育孩子要多用鼓励的方法，让孩子心中有积极喜悦的情绪，孩子就会努力进步。这就像春风春雨可以让草木茂盛生长，而冰霜的打击就会让草木凋零萧索一样。"这里谈的是教育要顺势而为，要符合孩子的天性。

王阳明进一步指出了当时蒙学中过度严苛的规范带来的问题：

"若近世之训蒙稚者，日惟督以句读课仿。责其检束，而不知导之以礼；求其聪明，而不知养之以善；鞭挞绳缚，若待拘囚。彼视学舍如囹狱而不肯入，视师长如寇仇而不欲见。"

这一段的意思是："现在给孩子开蒙时，成天督促孩子学习搞清楚断句、做好课业练习。苛责约束孩子的行为，却不知道用礼义来引导；希望孩子聪明，却不用善意来滋养；用鞭子、绳子体罚孩子，就好像对待犯人一样。结果孩子把学堂当成监狱一样不想进去，把师长当成仇敌一样见都不想见。"这段说明苛责不利于教育。

可见，王阳明的教育观点和现代心理学的研究结果是一致的，他的蒙学思想放在今天依然有启发意义。

3. 如何把规范给到孩子

我们前面说的"规范"是指在社会上客观存在的规范，即**社会规范**；而个人接受的规范则称为**主观规范**。家长会在心目中根据自己感知到的社会规范形成自己的主观规范，再通过一系列的步骤传递给孩子，最终形成孩子的主观规范。这个传递过程如下图所示：

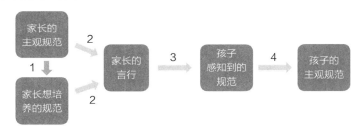

规范传递示意图

从图中可见，在这个过程中有很多步骤。首先**家长自己的主观规范**会转换为要在孩子身上想培养的规范，这两种规范都会影响到家长的言行。孩子会根据家长的言行感知到家长的期望，之后，在**孩子感知到的规范**的基础上，孩子会形成自己的**主观规范**。这样一个复杂的过程，每一步都有各种影响因素。下面从作业的角度来看一下规范的传递过程。

在第 1 步，即从家长的主观规范到家长想培养的规范这一环节，主要涉及的是规范适合与否的问题。家长通常会根据自己对于作业规范的理解，设定想在孩子身上培养的规范，但在设定中需要根据孩子的年龄和个性有所调整。有的家长高估了孩子的能力，标准过于严格；也有的家长总觉得"他还是个孩子"，把标准定得过低。过高或过低都会带来一系列的问题。

家长会问，怎么知道标准是过高还是过低呢？与规范对应的行为不是一个精确的点，而是有一个范围。对于这个范围有多大，大家在一定程度上还是有共识的。所以如果你身边的人，如邻居、朋友、老师甚至是你家孩子的同学，都觉得你给孩子定的规范过高或过低，那么不论你有多么良好的初衷，都需要反思一下自己的设定是否恰当。

在第2步，家长自己的主观规范和想要培养的规范都会影响家长的言行，这里的影响因素主要是规范与言行一致性的问题。有的家长要求孩子"今日事，今日毕"，但自己却是严重的拖延症患者，那么给孩子按时完成作业的规范就容易失效。

有时，家长的问题是只提出规范，但却没有在行动上给孩子执行规范提供必要的帮助。比如有一位家长看到了这样一个例子：

一年级的丫丫，爸爸妈妈在北京开照相洗印店，最近她从老家来北京过寒假。店里生意总是很忙，丫丫的寒假作业本展开放在堆满东西的工作台上。

妈妈提醒了一句："该写寒假作业了啊。"听话的丫丫随即放下手里的玩具，坐到了桌旁。她打开铅笔盒翻了翻，说："妈妈你帮我削一下铅笔。"正在沙发上看手机的妈妈眼睛都没抬地回答她："等会儿。"

丫丫顺从地等了一会儿，又是哼歌又是自言自语说故事，看妈妈还是不理，她向爸爸求助："爸爸你帮我削一下铅笔。"正在接待顾客的爸爸同样回答她："等会儿。"

沙发上的妈妈像是没听见父女俩的对话，动都没动。

都说旁观者清，看到这一幕我挺感慨的。家长对孩子是有"要求"的，体现在那句"该写寒假作业了啊！"孩子也是听话的，马上不玩了，准备开始写。一年级孩子不善于用卷笔刀，孩子请求帮助是合理的。对于孩子的合理要求，两次请求两次不理，你不管我也不管，导致作业"拖延"。我想到将来孩子稍大点，不那么听话了，作业再难点，家长就该着急了。

由此我想到，平时我也会抱怨孩子写作业不主动，但是不是我也在不自觉中忽视了孩子的合理要求呢？我还真得反省一下。

在传递规范时还有一个影响因素，就是家长之间一致性的问题。一对父母中，往往一方对孩子要求严格，期望高；另一方宽松，主张顺其自然。在教养孩子上，"正常"的范围是很大的。严格有严格的好处，只要不是严苛就好；宽松有宽松的好处，只要不是放纵就好。但是当父母双方的规范不一致时（比如妈妈没收了手机不许孩子上网搜答案，爸爸却偷偷把手机还给了孩子），就会产生一系列问题。孩子或者在父母之间无所适从，或者学会了钻空子，结果严格的好处和宽松的好处都没得到。对于这种现象，著名心理治疗专家李维榕老师说：

> "其实每一对分歧的父母都有一些明智的见解，只是过于自以为是，总是费尽心思证明对方是错的，才会造成无休止的互相指责。这样的做法只会'互废武功'，结果谁都无法发挥功效。"

在第3步，家长要把自己想要培养的规范传递给孩子，需要有一系列的言行，比如提要求、示范、提醒、督促、表扬、鼓励、批评等。所有这些言行都会对孩子感知到的规范产生影响。

关于提要求，有些家长就觉得我说了你就一定要听，但是却忽略了自己对规范的表达。例如对年龄较小的孩子表述规范时，需要用孩子听得懂的话来说。如果语速过快、用词过于成人化、句长过长、要求又太多，孩子根本就听不懂，或者听懂了也记不住。

家长的言行中还包括提醒和督促。提醒和督促是否恰当也有许多讲究。如果过多会给人唠叨的感觉，甚至会激起孩子的逆反心理；但是该说的不说也不利于孩子学会良好的行为方式。

孩子的理解能力和性格特点会影响第4步。有的孩子理解能力强，一点就透，不需要说太多；有的孩子理解能力没那么强，家长就需要反复地表达、示范、提醒、督促，孩子才能感觉到规范的存在。有的孩子比较"钝感"，或者说比较"皮实"，家长即使语气比较"硬"，孩子也可以接受；而有的孩子比较敏感，家长语气稍微重了一点，孩子就会非常难过，或者产生抵触情绪，这就需要家长细腻一些。

在第 4 步，如果孩子已经感知到家长传递的规范，他是否就能形成相应的主观规范呢？也不一定。有的孩子明知家长想要培养的规范是什么，但就是不愿意接受，其原因可能是亲子关系不够好。

可以看到，孩子形成自己在作业方面的主观规范是一个复杂的过程，所以，如果孩子的作业规范还没有形成，家长需要站在孩子的角度去思考哪个环节出了问题，而不是单纯指责孩子"不听话"。

二、培养作业规范的要点

1. 如何设定作业规范

了解了规范的形成过程，我们该怎样设定孩子的作业规范呢？家长可以从以下几个方面考虑：

在时间方面，可以给孩子一个框架。有的家庭要求孩子做完作业才可以玩儿；有的家庭允许孩子在做作业之前先玩儿，但是玩儿的时间要有一定的限度；有的家庭要求孩子必须把当日的作业完成，今日事今日毕；也有的家庭要求在几点之前必须睡觉，哪怕没做完也得睡觉。这些规范都是可取的。

在空间和环境方面，家长可以要求孩子在书桌前做作业，并给孩子营造一个让他可以专心学习的环境。

还有关于做作业的方式，家长也可以提一些要求，比如不可以边写作业边看电视、玩手机，不可以抄他人的作业，不可以一上来就搜网上的答案等。

虽然上面说了多个方面，但在现实中，规范可以很简单。比如一位医生这样回忆自己的求学生涯："如果说有规范的话，我的家长对我学习、写作业就有一条要求：学的时候好好学，玩的时候好好玩，不要边学边玩。我也是这么做的。只要我完成了作业，学好了该学的东西，无论我是看电视、玩游戏，去朋友家，还是打球，父母都不会多说什么。甚至到高三也是这样，我在学校上完了自习就空手回家，书都不带，回家就是休息和放松。对于学习，我的家长没有给过我什么压力，无论是考大学还是后来考研究生，都是我自己愿意去努力的。"

家长在设定规范时，还要注意有**区分度**，就是在硬性的规范和软性的规范之间要区分开，避免眉毛胡子一把抓，什么都要管，什么都管不好。

硬性的规范，也就是底线性的规范，在制定时需要考虑周全。对于年龄较小的孩子，不宜提过多、过高的要求。还比如在时间、空间上的安排，需要适合整个家庭的生活方式，以利于执行。如果规范制定得不合适，孩子和家长都要付出很大的努力，那么执行起来就会困难重重。

软性的规范，也就是对孩子作业行为的期待。比如在作业前准备好相关的文具、资料、工具书；在作业过程中尽可能专注、投入地完成；作业质量要有一定水准，不能马虎、凑合，要保证正确率等。

对于这些软性的规范该如何提要求呢？从行为上来说，好与不好是一个连续体，并没有绝对的边界。在孩子**原有基础上稍微高一点**的期待会对孩子有激励作用，让孩子"跳一跳、够得着"，孩子实现了也会有成就感。如果要求过高，比如看到孩子抖了几下腿就觉得他不专心了，就会有反作用。家长说的"不"太多，反而会造成孩子习惯性地忽视家长说的"不"。等到了关键时刻，需要底线性的规范时，家长说的"不"就会失效，因为"不"已经失去了类似红灯的信号含义。

要确保规范的有效性，家长在制定规范时最好要听取孩子的意见。而且，硬性规范最好有相对明确的、客观的标准作为参照。同时，规范不仅要约束孩子，也要对家长有所约束，比如如果孩子做到了什么，家长就应该做什么或不做什么，这样孩子会觉得规范是公平的，也会更有意愿去执行。

在本章开篇轩轩的例子中，由于男孩体内有更多的雄性激素，通常会比女孩更加好动，而且他们的身体发育和心智成熟上一般会比女孩晚一两年，所以姐姐的经验不适用于弟弟是很常见的情况。家长在这时候需要多一些耐心，给轩轩提他可以达到的要求。比如孩子原来坐 10 分钟就要起来活动一下，家长可以给他提出专注 15 分钟再起来活动的软性要求。

2. 如何执行作业规范

如果已经有了规范，那么家长该如何执行呢？

第一，在执行过程中，最核心的是家长的态度，理想的态度叫作**温和而坚定**。

在给予孩子规范时免不了会让孩子不满，尤其是作业这种需要努力才能完成的事情。所以，我们需要用平常心来对待孩子说的"不"。孩子能说"不"，说明他的自主性在成长之中。家长调整好自己的心态，既坚决地执行，又采取温和的态度，这样最有利于孩子形成自己的规范。

第二，规范最好以"**第三方**"的方式呈现。

在社会规范中，红绿灯就是一种典型的"第三方"的方式。与此类似，家庭中的规范最好用"第三方"的方式来呈现。比如家长和孩子商量好了对于作业的"约法三章"，就可以写下来，贴到墙上。"第三方"呈现的方式显得更像"法治"，而不是家长自己说了算的"人治"。

又比如开篇轩轩的例子，如果妈妈给孩子提出坐 15 分钟再起来活动的期待，就可以在边上放一个 15 分钟的沙漏，沙漏就是这里的"第三方"。

第三，对孩子执行规范的情况给予**适当的反馈**。

在孩子出现明显的不良行为时，家长可以让他知道自己做得不好，并以明确而一致的方式让他承担相应的后果。所谓**明确**，是指事先跟孩子讲清楚后果，这样执行时孩子才会觉得是公平的。执行的时候也要告诉他，他是因为哪一条没有做到而有这个后果。所谓**一致**，一方面是指给予的后果要和孩子的行为相一致，比如说不完成作业就不能看电视；另一方面，孩子每次违规，不管哪个家长在场，都会用同样的方式处理。

需要注意的是，尽管我们可以惩罚孩子错误的行为，但只有惩罚并不能让孩子学会正确的行为。要培养行为规范，更重要的是当孩子表现出我们期望的行为时给予积极的鼓励、肯定、表扬，让孩子知道自己怎样做才是对的。

孩子在内心深处都需要家长的认可，因此，家长特别需要关注孩子好的行为，比如哪天孩子独立完成了作业，家长要看到并认可。同时，对孩子轻微的负面行为可以适当进行冷处理，也就是消退。而很多家长的做法是忽略好的行为，过度关注负面行为，结果不仅亲子关系紧张，孩子也学不到正确的行为方式。

第四，掌握好**原则性和弹性的平衡**。

如果规范过高、过严，超出孩子的执行能力，其实就等于无效的规范。如果在有特殊情况、情有可原的情况下，家长依然要用刻板的方式执行规范，就让规范显得冷冰冰、不近人情。这样的结果可能会引起孩子的抵触，或者让孩子学会用当面一套、背后一套的方式来对付。如果孩子完全顺应了这种缺乏弹性与温度的规范，也可能造成自我要求过高，过于完美主义，为以后的心理健康状况埋下隐患。

比如，医院中孩子"左手打吊针、右手写作业"的现象，在 2023 年底就引起过网上热议。学生应按时完成作业固然是规范，但在生病时这条规范应让位于健康。

而有些家长则相反，弹性过强，以至于表面上有规范，其实没有。有时甚至不需要孩子提要求，家长就会替孩子找出不遵守规范的理由和借口。

比如这位妈妈：

我知道作为家长要对孩子有要求，每次和我女儿说得也都挺严肃的，可她只要一和我撒娇，我就会心软。作业方面我也给她立过规矩，就是要尽量自己完成，遇到问题要自己动脑筋想办法解决，不能碰到不会的题就第一时间上网搜答案，可她每次一和我抱怨说题目太难了，我就会把手机给她，很难对她说"不"。后来班主任老师和我反映，说她好像什么事情都是可以"谈判"的，比如有针对性地加点儿作业她就要讨价还价，如果老师拒绝，她的情绪反应就会特别大。

在这些孩子心目中，所有的"不"都可能是"是"，不能理解为什么有时候"不"就是"不"。家长的主观规范可以像个橡皮筋，但社会规范是客观的，所以这种方式迟早会遇到问题。

第五，家长在执行规范时要**就事论事**，不要轻易上升到孩子的道德品质上。

家长从成人的价值观念、道德体系出发，会给孩子的行为下各种定义和贴标签，但有可能忽略了孩子所处的具体情境。比如下面这个爸爸的例子：

给孩子的作业规范，在我看来最重要的就是诚实，不能弄虚作假。会就是会，不会就是不会，让作业真实体现出知识的掌握程度。可偏偏我女儿爱耍小聪明。

我们家有一个智能音箱，一次我偶然间听到女儿小声问："小e小e，3加2等于多少？"音箱说5，她"啪"地在本子上写一个5。刚上一年级就动这种脑子，我就批评她了。

到二年级的时候，她非让我哥给她买一个铅笔盒，我哥没多想就买了，买回来才看见铅笔盒后面有一个小计算器。有一天我哥提醒我去关注一下她，说她好像在用计算器做数学作业，我过去一看，果不其然。

现在她三年级了，就在前几天，她从平板电脑上鼓捣出搜题的 APP，给题目拍照，搜出答案抄到作业上，被我揍了一顿。

这孩子确实成绩不太好，成绩不好我认了，毕竟我们也没有太管她的学习和作业。我是怕她小小年纪养成投机取巧、爱撒谎的坏习惯。

在这个例子中，家长给孩子的行为贴上了"不诚实"的标签，有点上纲上线了。如果我们分析孩子与家长的行为，会发现这个孩子在作业上很可能缺乏家长的有效帮助。实际上，对于一个小学低年级的孩子来说，她尝试用自己的方式解决问题的能力很强，也很有灵活性。对于这个孩子，家长如果要给她"独立完成作业、不可以抄答案"的规范，就需要同时给予孩子足够的作业支持。在不让孩子做什么的同时，家长必须要给孩子开出路，让他知道可以做什么，这样孩子才会形成良好的行为规范和习惯。单纯的批评、惩罚甚至体罚，只会破坏亲子关系，起不到引导的作用。

关于培养孩子的行为规范，有一个建议是这样的："谨慎地选择你的战场，其他地方放轻松就好了。"我们对孩子会有很多期待，这些期待本身是好的，但需要一步一步来。在确定要培养某个行为规范时，需要坚定，有一致性。同时，不需要四面出兵，处处较劲。这样既不利于孩子形成良好的行为习惯，也会让家庭氛围焦躁不安。如果家长能够设定好优先次序，抓住当前的重点，在其他方面保持轻松，那么孩子也会在良好的氛围中更加健康地成长。

三、作业中的手机怎么管

1. "问题性手机使用"，你家有吗

现在做作业越来越需要手机、网络以及各种技术手段了。读一段英文需要拍摄视频上传群里打卡，制作 PPT 需要上网查找资料，用平板电脑学习也需要使用网上的资源。三年疫情，线上学习成了一代孩子的共同记忆，上网和使用电子产品是他们共同具备的技能。对于这些技术的使用我们无须妖魔化，但也不得不承认，这些技术手段给家庭教育带来了新的挑战。

比如，有的家长就很头疼如何把手机从孩子身边拿开。孩子总有借口说需要手机，要用手机查作业、查资料、查单词，等等，可谁知道他真的在查还是在干别的？当孩子使用电脑或者平板电脑时，家长也很难监控孩子到底在使用什么功能。

在描述与手机、上网有关的问题时，有不同的说法，比如"手机成瘾""网络成瘾"等。这样说感觉比较严重，如果不是经过专业诊断，我们尽量不要轻易给孩子贴上"成瘾"的标签。

有的说法相对轻一些，比如"问题性手机使用"，就是说对手机的使用有些过度，产生了一些不良影响，比如影响睡眠的时长和质量，造成注意力不集中，影响学习等。

2. 帮孩子管好手机

在家长干预孩子的手机使用方式之前，首先要营造积极的家庭环境。研究发现，当有**积极的家庭环境**时，亲子关系好，沟通顺畅，孩子对在家的生活感到舒适，手机问题就会比较少，也会比较自律。反之，如果家庭环境比较负面，比如家长对孩子进行严厉的管教、惩罚，或者冷落、忽视孩子，孩子

就比较容易沉迷网络。

在有积极家庭环境的情况下，家长对孩子上网、使用手机给予规范，进行管理，会更加有效。

那么，具体应该如何帮助孩子管理好手机呢？主要有两种方式：

第一种方式是**限制型干预**，指对使用手机的时长、内容、方式等进行规定、限制，这也是家长最常使用的一种策略。时长方面，比如很多家长会规定孩子在平时和周末的手机使用时间；内容方面，可能会限制孩子接触超出当下理解程度的内容，或者负面的内容；方式方面，会限制使用手机的时间、地点、场合，或者安装起到限制作用的软件或 APP 等。

第二种方式是**积极干预**，主要是指家长就手机和网上的内容和孩子进行互动、讨论，分享自己的观点；或者就手机的使用方式对孩子进行指导，或进行讨论，帮助孩子用健康的方式使用手机。家长不把自己的想法强加给孩子，而是用一种开放的方式交流，这样可以促进孩子独立思考。

研究发现，积极干预是最有效的方式。限制型干预也有一定的作用，但其作用会随着孩子年龄增长而降低，到青春期之后效果会更加不确定，如果使用不当，还可能会有负面效果。

采用限制性干预的方法要想有好的效果，就需要家长在制定规则时和孩子商量好再执行。如果动不动就惩罚，容易引发孩子的负面情绪，甚至激起反弹。

所以，在涉及手机的使用规则时，依然是"堵"不如"疏"的。

家长要想对孩子玩手机的管理有效，还需要以身作则。有的家长自己成天低头看手机，这种现象被称为"父母低头"。在父母低头的家庭中，孩子会感觉被父母忽视、冷落，更容易在手机和网络中交朋友。同时，父母低头也会让手机规范缺乏说服力。

3. 从手机管理到媒介素养

在孩子比较小的时候，比如小学中低年级，家长可以根据对孩子的了解制定关于手机的规则，比如在写作业时不可以使用手机，或者可以在需要的特定时间段使用。在制定了规则后，家长需要进行有效的监督，一以贯之地执行规则。

到小学高年级和初中，家长可以进一步用积极干预的方式和孩子讨论如何更好地使用手机，比如如何使用手机的教育功能，如何应用不同的 APP，如何在网上保护自己的隐私等。在制定与手机有关的规则时，也要听取孩子的意见。规则不宜过分细致琐碎，可以简洁一些，这样执行时也比较容易操作。

思考关于孩子手机的问题时，还有另一个思路。目前在教育界中有一个新的趋势，叫作培养学生的"媒介素养"。对于媒介素养高的孩子，手机不是影响学习的损友，反而是促进孩子学习和成长的益友。

一位老师在朋友圈分享过这样一个经历："记得我们去年夏令营的时候，特意设计了一个乡村生存的环节，大家可以带手机。那些平常拿手机玩游戏的孩子，恰恰没有想到手机对他们有什么用处。而有的孩子第一时间拿到了手机，给附近的店主做小视频、做宣传、发朋友圈，很快完成了既定的目标。老师在做活动总结的时候，给了大家充分的讨论时间，手机到底有哪些用处？是什么样的工具？所以手机并不可怕，教会孩子怎么使用和处理是关键。"

因此，我们需要找到与手机共处的方式，把它作为孩子学习和生活的一部分。当我们说教育需要面向未来时，也包括对这些技术手段的使用。或许我们可以打开思路，用更有前瞻性的方式来看待手机、网络和技术手段的影响。

✅ 作业支持工具

作业规范支持评价表

作业规范评价表主要是为了帮助家长了解自己在作业规范上给予孩子的支持情况，由孩子完成。

作业规范支持评价表（由孩子完成）

下面是关于做作业时你和你的父母行为表现的一些陈述。你同意这些陈述吗？请在最符合实际情况的数字上打"√"。

		非常 不同意	不同意	同意	非常 同意
1	对于我该如何写作业，父母有清楚的规则和要求。	1	2	3	4
2	父母向我解释为什么会对我写作业有这些规则和要求。	1	2	3	4
3	父母帮助我对完成作业有清楚的目标和时间安排。	1	2	3	4
4	父母会一贯地执行对作业的规则和要求。	1	2	3	4

如果孩子的回答中以"同意"或"非常同意"为主，说明家长在结构性支持的作业规范方面做得较好，反之则有待提高。

如果孩子给家长的评价偏低，则要与孩子讨论如何做可以有所改进。

本章小结

1. 规范是结构性支持的一个重要组成部分，它对孩子的成长意义重大，可以促进孩子内在秩序感的形成。

2. 家长需要把规范通过自己的教养行为传递给孩子，这是一个复杂的过程。

3. 家长可以设定与作业有关的行为规范，对作业的时间、空间、环境、方式等方面提出要求和期待。

4. 家长在培养孩子的作业规范时，需要注意方式方法。

5. 家长可以采用"积极干预"的方式，帮助孩子更好地在作业中使用手机，并提升孩子的媒介素养。

第八章

作业时间管理：
既有规划又有弹性

凡事预则立，不预则废。

——《礼记·中庸》

作业实景

尽早给孩子输入"时间管理程序"

大约是在菲菲上幼儿园大班的时候，我接触到了日本心理学家松原达哉的名著《生活分析的心理咨询》，一下子对"时间管理"产生了极大的兴趣，之后又读了很多这方面的书。

我认为带孩子这件事家长要先有一些思路，再去执行。时间管理的知识体系帮助我确立了自己的"思路"。

我给菲菲设计了月度计划表，贴到墙上，陪着她完成一项就给一项打钩。

一个月里每天要做什么，我让她自己定，量不必多。我记得当时定了六件事，睡觉、起床、读书、喝水、做家务、锻炼。因为定什么内容是她主导的，很多事也是她一直在做的，所以她很高兴也很容易地就去执行了，打完钩成就感满满，还因此在家里得到了一个"六钩宝宝"的美称。

上小学后，我们继续沿用计划表来管理时间，依然是贴在墙上去打钩。最明显的不同是加了"做作业"一项，六件事变成了七件。

因为这个习惯已经保持了差不多一年，加了一件事，菲菲没有感觉事情的性质有什么变化，也没觉得难度陡增，她很自然地就延续了下来。在她看来，做作业就像喝水、做家务一样，每天必不可少，也不会很难，做就是了。

我注重给孩子留出"自主空间"，没有明确规定作业必须几点做、用时多久，但菲菲一般是回到家稍微休息一会儿就开始做作业。我在暗中引导她，比如今天晚餐家里来客人了，作业就会开始得晚一点；赶上身体不太舒服，作业也会减一点。时间要管理，但不用压力很大，不用样样求全。

计划表的存在解除了大脑的负担。早就定了要做什么，直接执行就好了，免去了犹豫、等待、手忙脚乱等不必要的消耗，帮助菲菲在固定时间做固定的事。尤其在周末和假期，计划表的好处更是显而易见。别的孩子到了周末和假期很容易懈怠、放纵，周五的作业耗到周日晚上写，整个假期的作业攒到临开学了熬夜赶工，菲菲从来不这样。每天还是那看似平常的七件事，学习、生活、健康都涵盖了，做作业只是其中之一。我们不会对她格外强调这件事，也不会把这件事拔得特别高。这种"得来全不费工夫"的作业状态，我想是因为我在她依从性还比较好的年纪就给她的大脑里输入了"时间管理程序"。

一、为什么孩子总是拖延

1. 作业中的"伪时间管理问题"

就好像发烧只是一种症状，孩子在作业中的拖延也是如此，有一些情况其实是"伪时间管理问题"。也就是说，拖延并不是时间管理得不好，而是其他原因造成的，比如：

第一种情况，**缺乏作业责任**。当孩子觉得作业根本就不是自己的事，不明白为什么非要写作业，那他就不会主动，经常拖延。

第二种情况，**缺乏作业动机**。有些孩子虽然知道作业是自己的事，但就是不想做，那么就需要先激发孩子对于作业的自主动机。

第三种情况，**缺乏作业规范**。有的孩子在生活中一直没有培养起规范意识，那么在作业中也会缺乏遵从相关规范（如按时上交作业）的意愿和习惯。

第四种情况，虽然表现为时间管理问题，但本质上是**空间管理**的问题。有的孩子不善于管理自己的空间，书桌、书架较为混乱，作业过程中经常要东找西找，耽误很多时间。一般来说，作业时理想的空间管理方式是把需要的东西（如文具、参考书）摆在桌面上，无关的东西收起来，"眼不见为净"，可能会用到的东西分类放在抽屉或书架等方便取用的地方。

空间管理需要孩子对物品进行分类、收纳、摆放，知道如何随着时间推进对物品进行动态管理，包括适时进行"断舍离"。这需要孩子具有一定的抽象逻辑思维能力，同时也需要一定的动手操作能力。要培养孩子的空间管理能力，一方面需要家长以身作则，给孩子树立好的榜样和提供一定的指导；另一方面也需要让孩子对自己的空间承担责任，自己的事情自己做。

提醒一下，在空间管理上，家长不要用自己的方法来代替孩子的方法，而是帮助孩子形成自己的管理方法。有的孩子的桌面看上去乱，其实乱中有序，他自己知道每件东西在哪儿，用着也顺手。这种情况下家长就不必干涉。

第五种情况，表面看上去是拖延，实际上是孩子**学科知识不足**的问题。孩子可能是在上课听讲中存在问题，在课堂上不知道如何集中注意力，不知道重点要听什么，不知道该怎么记笔记，有大量的知识点没有掌握，导致做作业困难重重。在这种情况下，家长的作业辅导并不能从根本上解决问题，需要解决的是课堂上的注意力策略、听讲策略、记笔记策略等问题。

第六种情况来自于与学习相关的其他能力不足。比如，有些孩子写作业慢是因为**手眼协调和精细动作能力不足**。尤其是一些小学低年级的孩子，写作业慢就是因为写字慢。书写是一个复杂的需要手眼协调和精细动作的过程，如果孩子能力不足，写作业就是会慢。这时候家长抱怨孩子拖拉，孩子是很冤枉的。

动手能力对孩子的发展很重要，对孩子的认知发展也有显著影响。在幼儿园阶段，孩子会做很多手工活动，如剪纸、折纸、涂色、画画、拼贴、拼装、捏塑、串珠等，这些活动都有助于培养手眼协调和精细动作的能力。同时，很多生活自理活动，如使用筷子、扣扣子、系鞋带、打结、叠衣服、缝扣子等，也在锻炼孩子的动手能力。孩子动手能力疏于锻炼，手的力量、灵巧度、精确度就会不足。另外，现在孩子使用电子产品较多，用手划一划屏幕就可以玩了，和以往相比，孩子的动手能力相对欠缺。

怎么确定写作业慢是因为动手能力不足呢？可以看看孩子是不是还有其他一些表现：比如做其他需要动手操作的事情也慢，与同龄人相比手部动作略显笨拙，生活中时不时会有小的磕磕碰碰——例如被抽屉或门挤了手，或者容易打碎东西。在这种情况下，与其催促孩子做作业，不如补上动手能力这一课。由于孩子已上小学，不可能完全照搬幼儿园的活动，家长需要在激发孩子兴趣的前提下陪他做一些手工活动，但切忌用过于机械的方式去逼他做"训练"。

2. 作业时间管理中的真问题

排除了前面这些"伪时间管理问题"，才是时间管理本身真实存在的问题。

无论是何种原因导致孩子作业拖延，家长都需要首先接纳孩子的现状，尽量从"能力不足"的角度来看待这个问题，而不是觉得孩子态度不好。从能力角度看待问题，重点是如何提升能力，比较容易心平气和；而从态度角度看待问题，就更很容易着急和生气。

在时间管理上，孩子可能存在三个方面能力的欠缺：

第一是**时间感知**的能力欠缺。要进行时间管理，前提是能够感知时间的长度。小孩子的头脑里一开始是没有时间概念的，对时间的感知是随着成长以及和成年人的互动逐渐培养出来的。

第二是不善于**做计划**。管理时间需要有预先的计划。做计划的能力也需要在"实战"中培养。

第三是在过程中不善于自我管理。一旦开始做作业，孩子需要"监控"自己的进度，并根据情况随时调整，这种**过程管理**也是一种需要培养的能力。

除了能力方面的欠缺，有的孩子在时间管理方面的问题来自于性格特质，最典型的是以下两种：

第一种是"慢性子"，总是慢悠悠的，喜欢"慢工出细活"。

第二种是"完美主义"，对自己的要求高，喜欢"十年磨一剑"。

二、如何帮孩子提升作业中的时间管理技能

1. 教孩子准确感知时间

首先，要给予孩子关于时间的真实信息。

有的家长说的时间是虚数。比如跟孩子说 5 分钟之后出门，但家长自己就拖了 15 分钟。或者对孩子说："你 1 分钟之内必须把这件事做完。"但是孩子 1 分钟之内肯定做不完，也许最后花 10 分钟才做完。这样，孩子没有办法把家长说的时间跟实际感知的时间对应上。

要让孩子形成正确的时间感知，交流时如果提及时间，关于时间长度的词汇最好是"实数"而不是"虚数"。这里也不用非要看表计时那么精确，用基本符合真实时间长度的方式提及时间就好了。

在活动转换时尤其需要注意提醒时间。当孩子沉浸在一项活动中时很难转换，这时家长需要给孩子结构化的时间提醒。比如带孩子在户外玩耍时，每次都在固定的时间点提醒，10分钟前提醒一次（"我们还有10分钟就要回家了"），5分钟和1分钟前再进行提醒。孩子习惯了活动转换时的提醒方式，上学后遵守时间方面的要求就不会特别困难。

其次，家长要给孩子感知时间长度的辅助工具。

对于较小的孩子来说，看表还很困难。我们可以备上一些辅助工具，比如用厨房钟或沙漏。这些方式可以直观地让孩子感知时间，符合学龄早期儿童的认知水平。同时，这些辅助工具也是相对客观的方式，符合我们在第七章说的"规范尽量以第三方的方式呈现"的原则。

钟表以及电子产品上的计时器是现代社会普遍使用的计时工具。随着孩子年龄长大，可以教他认表。当然，这种"教"不是刻意教，而是自然而然地融入生活中。

最后，用**可视化**的方法提供关于时间框架的概念。

在学校，课程表就是一个可视化的方法，一般都会贴在教室前面。家庭中的时间安排虽然不像在学校那么严格，也可以用一些可视化的方式来呈现，比如月历、年历上的标注，小黑板、白板上的表格，冰箱上的便利贴等，形成一个家庭的"可视化管理中心"。

在有了关于时间长度的基础知识和经验后，孩子也需要通过实际经验来提升对时间的感知力。一名大学生这样回忆：

记得小时候，爸妈每周五接我回家时，就会问我周末写作业需要多少小时，我会估计一下每科作业需要多长时间，然后加个总数。家里周末的事情很多，比如出去玩，去爷爷奶奶家或姥姥姥爷家，还有我的课外班。他们会根据我报的时间做周末的安排。一开始我的估计也不准，基本都是报少了，结果就是周日晚上我得赶作业。后来我有了经验，知道做预估时间要留出余量，后来我的估计就越来越准了。

2. 帮孩子合理制订计划

和作业有关的时间计划需要考虑的问题有很多，比如到家后什么时候开始写作业？最晚要在什么时间结束？中间在什么时间休息？在什么时间吃晚饭？先做哪科，后做哪科？在哪个时间段需要父母的陪伴、辅导或者答疑？

在计划安排方面，家长往往存在几个误区：

第一个误区是**包办代替和过度控制**。表面看来，孩子的时间被家长安排得明明白白，但由于这些计划不是孩子做的，一旦家长不在身边，孩子就可能会陷入无助、混乱的状态中。还有研究发现，如果孩子感觉到家长在过度控制他们的时间安排，他们更容易出现作业拖延的状况。

孩子为什么不像成人那样善于安排时间呢？成人可以预测未来的事情，根据预测进行安排，在头脑中"模拟"出采用不同的方式会有什么不同的结果，并且据此调节、管理自己的行为，这些都是大脑**前额叶皮质**的功能。大脑前额叶成熟较晚，要到 25 岁左右才会完全成熟，所以成长中的孩子不善于做计划、容易冲动、不善于控制自己是很正常的。

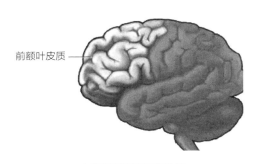

前额叶皮质

大脑前额叶皮质的位置

前额叶皮质是如何成熟的呢？一方面它会随着年龄的增长自然成熟；另一方面，前额叶皮质的计划管理功能需要通过实践练习逐渐成熟，孩子需要自己做计划、在现实中检验计划的效果，并根据反馈不断调整自己的安排，在"做中学"。如果家长总是包办代替或过度控制，孩子大脑的这部分功能就没有机会得到锻炼和发展。

在本章开篇的例子中，菲菲上学前每日必做的六件事是她自己定的，上学后加上了作业，菲菲可以练习自己管理自己，这些做法都是在锻炼菲菲做计划和执行计划的能力。

第二个误区是**过度说教**。有的家长觉得"我都告诉你了应该怎么做时间管理，你怎么就不会呢？"孩子光听一听学不会很正常，因为前额叶皮质需要通过亲身的、一手的体验才会成熟起来，光说教是不管用的。

孩子在自己做计划时难免存在问题，出现问题很正常，有做得不到位的地方家长点到为止就好，切忌过多的否定、批评和说教，孩子更需要的是家长的帮助和鼓励。

第三个误区是家里的时间**弹性太大**，缺乏稳定性，甚至有些混乱。就时段来说，就是每天从孩子放学到睡觉这个区间的时间如何安排。如果这个时段家庭的安排不稳定，比如今天晚饭是六点，明天是八点，孩子就很难形成自己的时间计划和安排。

要帮助孩子做好作业的计划和安排，首先就需要时间的安排相对固定，减少不必要的选择。

做选择是一件需要消耗心理资源的事。实证研究发现，给予人选择可以促使人想做一件事，而对于已经决定要做的事，减少选择、采用固定的次序有助于人执行和完成这件事情。

菲菲妈妈也说到这一点，她认为打钩就有这个好处："早就定了要做什么，直接执行就好，免去了犹豫、等待、手忙脚乱等不必要的消耗，帮助菲菲在固定时间做固定的事。"

如果将研究结果应用于生活，在商量对作业的安排时，家长可以让孩子自己做计划，自己选，不是家长说了算。在确定之后，可以鼓励孩子在每天的安排中有一些固定的"套路"，不管是先做口头作业还是先做笔头作业，先做难的还是先做容易的，先做文科还是先做理科……这样不用每天做作业时都要现做计划，减少选择，直接去做就好了。

要配合孩子的计划，家庭在孩子每日放学后也需要有相对稳定的时间安排，家长在这个安排上也要尽量保持一致。

有一个妈妈这样说：

"我老公经常出差，当只有我和孩子在家时，孩子课后的时间安排是有一定之规的，做作业也会很有规矩，一般都不用特别管。可我老公回来后就会打破家里的常规，他要和孩子说话、玩儿，孩子的计划就乱了，常常会完成得乱七八糟。"

出现这种情况，第一，家庭需要商量一下，看看可以如何调整。比如让爸爸在回家后的安排向妈妈单独在家时的安排贴近，保持一致性；另外，也可以在爸爸回家时有另一套常规，既让孩子有和爸爸有相处的时间，也保证作业完成的质量。

第二，家长需要给孩子和时间有关的**大的框架**，同时保留弹性，让孩子自己决定细节。时间框架的清晰程度要根据孩子的年龄有所差异。对于较小的孩子，家长可以代为安排，比如告诉孩子先做什么，后做什么。但随着孩子年龄的增长，这个框架要越来越粗，要让孩子自己来计划、决定。

菲菲妈妈也提到了保留弹性的问题，她给菲菲留出了"自主空间"，让她自己根据实际情况调整做作业的开始时间，"时间要管理，但不用压力很大，不用样样求全"。

第三，在制订计划时，可以教孩子用**可视化的方式**。比如教他利用记录本进行时间规划，或者用清单来做计划，做完一项划掉一项，这个过程也会让孩子感受到成就感。较小的孩子喜欢色彩鲜明的东西，这些可视化方式都可以用孩子喜欢的、有趣的方式来呈现。菲菲家把计划表贴在墙上打钩也是一种可视化的方法，方法不在于多么复杂，贵在易于执行和坚持。

还有一种可视化方式，就是让孩子把一天的时间（或放学后的时间）用一条直线来表示，以小时为单位标出刻度，让孩子把目前的典型时间安排画在这条线上，时间的长度变成了线性的长度，孩子就可以看出现在的时间安排是否需要调整。

0 1 2 3 4 5 6 7 8 9 10 11 12 13 14 15 16 17 18 19 20 21 22 23 24

时间刻度法

第四，随着孩子年龄增长，教给他一些**时间管理的理念和方法**。

比如在初中的心理课上，我们告诉学生"以终为始"的思维方式，或者根据"重要"和"紧急"的四象限来安排时间（如下图所示），也会采取一些活动让学生体验这些方法的有效性，比如用大球代表重要的事情，小球代表不重要的事情，让学生把球装进罐子里，学生就发现先放大球可以都放下，先放小球的话大球就会放不下。

在家庭中，家长给孩子的帮助是潜移默化的。哪怕孩子还小，甚至计划就是家长帮他制订的，家长也可以讲讲为什么要这样安排，问问孩子的想法，这个讨论过程就是孩子成长的过程。

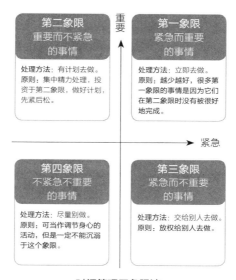

时间管理四象限法

　　有一名研究生这样回顾家长是如何培养自己做计划的能力的：

　　每次假期开始时，我爸都会让我做一个大表格，标出每天的日期，留出玩儿的时间，然后把假期作业分解填空到表格中。一开始他会帮我做，后来我就会自己做了。当然做了计划也不见得能那么严格地完成，有时候临时有事会调整，有时候会有拖延，或者开学前赶工，但有计划总比没有好。

　　我现在无论做什么事都会先规划一下，不一定会写出来——写出来有时候会让我觉得有压力，但一定会想一下。比如考研之前我复习数学心里就有规划，因为时间有限，我把要考的内容分成了三部分，一部分是我已经会了的，一部分是还不会但我知道我学了就可以掌握的，还有一部分就是太难我来不及学会的，然后把主要时间花在第二部分上。

3. 计划不能执行怎么办

有了时间计划固然好，但有了计划不等于就能执行计划。

执行主要需要孩子**自我监控**的能力。在作业过程中，要每隔一段时间看看现在是什么时间，实际进度和计划中的进度是否相符，相符就继续按计划进行，不相符再看是什么情况。如果是计划本身合理，但是自己磨蹭了，那就要提醒自己加快速度；或者计划本来就不合理，比如低估了某项作业的工作量，那就需要调整计划。

从成年人的角度来看，这个过程挺简单的，但从儿童的角度来看，它并不简单。自我监控是一种高级的思维能力，孩子做不好、做不到是成长中的自然现象。

现实中可能会出现这样几种情况：

第一种情况是在做作业的过程中**没有注意看时间**，导致前松后紧。

这种情况家长需要教孩子在一些节点记得去看时间，也可以教给孩子一些自我提醒的方法和工具，比如说做完一项要画个钩儿，同时查看时间；对于大一点的孩子来说，有一些手机的 APP 可以帮助进行时间管理，比如"番茄钟"。

在孩子还不具备这种能力时，家长可以在这些节点去提醒，但注意不要过度。如果孩子已经会看时间、对家长的提醒表示不耐烦，那就可以不提醒了。

第二种情况是孩子**不善于调整计划**。比如虽然在过程中会看时间，但如果发现实际情况和计划有较大的出入就不知该怎么办。有的是计划一旦不能执行就放弃，有的是即使计划不合理也要不计代价地照做，不会调整和变通。

这时孩子同样需要家长的指导和帮助，比如有些任务必须今天保质保量完成，那就要优先做；有些任务可以安排其他时间做，或者加快速度降低质量"对付"一下，这样可以保证晚上按时睡觉。在提供帮助时，家长也可以和孩子讨论一下，比如问问他："你觉得现在这种情况怎样解决最好？"这样就能培养他自己调整计划、变通的能力。

第三种情况就是孩子"**管不住自己**"。比如明明有计划，但就是控制不住自己去做无关的、分心的事。

有的家长缺乏对这类孩子的过程管理，在孩子还管不好自己时，家长没有提醒和督促，让孩子"放羊"。到了快睡觉的时候，发现孩子作业还没做完，怒火中烧，冲过去把孩子大骂一顿，这样只是宣泄了情绪，无助于让孩子学会自我管理。

比较好的方式就是在孩子做不好过程管理时，家长参与进去，但参与时要对孩子交代清楚自己会做什么、为什么这么做，也可以和他商量家长可以怎么提醒。提醒、监督尽可能保持在较低的水平，孩子如果不耐烦了，就可能是家长做多了。

比如下面这位妈妈就摸索出了适合孩子的提醒方式：

我儿子是一名小学二年级的学生，写作业比较拖。经过反复摸索、尝试，我们确立了现在这样的模式，这里有几个时间节点：

4点放学接回来，他写他的作业，我做自己的事。大概6点左右我找他验收。他说写完了，我要逐项问一遍，核一遍，因为他可能会"缺斤少两"。7点吃晚饭，尽量吃饭前把作业的事都解决掉，不能由着他越拖越晚。他还小，拖太久了精力就跟不上了，状态越来越差，作业更写不好。

我还总结出一个经验：当几项作业挤到一起时，他还不会合理安排时间，我得帮他规划。难度大的作业和不喜欢做的作业要往前放，如果放在后面，那更是没完没了，不知道几点才能睡觉。

三、如何对待"慢性子"和"完美主义"的孩子

1."慢性子"的孩子

孩子作业过程中拖延还有一种情况，就是他并非没有做时间管理，但他是个"慢性子"，导致管理的结果低于家长的期望。

"慢性子"在很大程度上是先天形成的。

在心理学上，气质是一个人稳定的个性心理特征的一种，有先天的神经活动类型作为基础。气质类型有四种，一种是胆汁质，就是像张飞、李逵，个性强、冲动、不灵活；一种是多血质，这是一种活泼的类型，个性平衡而灵活，比如孙悟空、王熙凤；一种是粘液质，是平衡但不灵活的类型，比如沙僧、贾迎春；还有一种是抑郁质，这是一种敏感的类型，比如林黛玉。从做事的速度上来讲，多血质和胆汁质的人往往会比较快，粘液质的人的典型表现就会比较慢，抑郁质的人也可能会慢一些。

从信息加工的角度来看，每个孩子的认知风格不一样，也会导致做事有快有慢。认知风格中有冲动性和反思型，不同的认知类型会体现在作业上。冲动型的孩子急性子，做作业会匆匆忙忙，出错较多。对于这样的孩子，家长在一开始需要对正确率进行检查，逐渐培养他自我检查的能力。相反，反思型的孩子会"慢工出细活"，正确率高，但速度慢。下面这位妈妈就有一个"慢性子"的女儿：

我女儿经常说："我喜欢慢悠悠的。""人应该活在当下。""如果很快，那就不是我了。"

她现在上三年级。上学头两年，她每天都在催促声中度过，我们家里到处是计时器。她经常挨批评，也会大声争辩。我记不清有多少次催她快点写作业了。她的作业质量很好，但我觉得可以不那么好，可以差一点，但快一

点完成。我和老公在她睡觉后开过很多次会，讨论解决方案。我们也很同情她，担心写作业慢成了"顽疾"，到考试时写不完岂不是很冤枉？

有一次，大概是我第1001次试图说服她做作业加快速度。"你想，你愿意整个周末坐在这里写作业，还是多玩玩儿？"她竟然说："当然是像这样写作业。我喜欢写作业。"

该如何对待这种"慢性子"的孩子呢？

第一，需要**接纳**。孩子的"慢性子"是有先天基础的，不能强行改变。有些家长自己是"急性子"，就更难接受"慢性子"的孩子。甚至可能孩子并不是真正的"慢性子"，只是相比"急性子"的父母显得慢了一些而已。

第二，在接纳的基础上，**设定合理的目标**。孩子可以在自己的基础上有所改进，但不可能达到父母的程度。如果一下子提特别高的要求，会给自己和孩子都带来很大的压力。

一个"慢性子"的孩子，比如前面那个爱做作业的女孩，内心的节奏可能是这样的：

"慢性子"孩子的内心节奏

但一个"急性子"的家长，内心的节奏可能是这样的：

"急性子"家长的内心节奏

孩子无论怎么调整，都不可能达到家长这种节奏。现实的目标是帮助孩子达成下面这种节奏：

家长的培养目标

第三是教给孩子**时间管理的方法**，比如如何设定计划、如何进行过程管理等。切忌把自己认为好的方法强加给孩子，尤其如果家长自己是"急性子"，适合家长的方法不一定适合孩子。

第四点就是要给孩子**积极反馈**。当孩子有微小进步时，就要给予鼓励。

"慢性子"是孩子的个性特点，并不是他故意磨蹭或态度不好。如果总是给负面评价，比如总是说你怎么这么拖拉、这么磨蹭之类的话，就会给孩子负面的**心理暗示**，孩子就会觉得我就是一个很慢的人，就把这个标签永久化了。

2."完美主义"的孩子

完美主义的孩子也容易拖延，他们总觉得自己做得还不够好，在反复的修改、完善中消磨了时间。

完美主义是一种相对稳定的特质，在这点上和慢性子类似，但两者也有不同。完美主义者的拖延不是因为内心节奏慢，而是因为对作业质量的要求特别高。慢性子的孩子如果没有因为慢而受到否定，他们并不会焦虑，但是完美主义和焦虑有关。

完美主义虽然可能有先天的基础，但也有可能来自后天教师和家长的教育方式，或者是两者叠加而成。比如一个孩子本来就有完美主义的倾向，又遇到标准特别高甚至有些苛求的老师或家长，就会把完美主义的特质固化下来。比如下面这位妈妈就有一个完美主义的孩子：

我儿子从小就对自己要求特别高，比如写作业会反复涂改。即使我在边上说"没关系的，不要老擦了，已经写得挺好了"，也没什么用。我自己是一名老师，又在学校搞管理，属于雷厉风行的个性，挺受不了他这个特点，老和他较劲。

在高三成人礼时，他负责背景音乐。花了好几天时间弄好了之后，老师让他把音乐截短一点，他不同意，告诉老师他是怎么精心设计的配乐，每个点配合台上的什么活动，一动就全乱了。最后老师也同意了不改。我真没想到他做事会细到这个程度，还有些感动。回头想想，当初和他较劲真没有必要，他就是这样一个孩子，从积极角度想也挺好的。

不管是怎么形成的，个性特质一旦形成，就不会轻易改变。面对完美主义的孩子，家长首先要接纳孩子的这种特质，而不是想强行改变。比如当一件事的要求是 100 分时，一般人可能做到 80 分就满意了，但完美主义者往往要做到 120 分才会对自己满意。家长需要理解，对于这些孩子来说，做到 120 分反而比做到 80 分感觉更舒服。在此基础上，我们可以帮助孩子学会和自己完美主义的特质相处，比如掌握一些时间管理的方法，让完美主义保持在一定的限度内。同时，当这样的孩子在犯错和做得不够好的时候，千万不要再指责他们了，而是给予更多的包容。这样他们的完美主义倾向就不会变成病态的，而是属于正常范围内的一种特质。

家长的接纳度、宽容度大了，时间长了，孩子也会相应地松弛一些，这样完美主义就不是问题，反而会成为对他成长有利的特质。

四、授之以渔，做孩子的时间管理顾问

在作业的时间管理方面，家长到底该扮演什么样的角色呢？企业中有"管理顾问"，家长也可以做孩子的"时间管理顾问"。企业在什么地方有疑问，管理顾问的角色是基于自己的专业知识给予建议，帮助解决问题。顾问不是企业的领导，也不是企业的督工。

同样的，家长在孩子作业过程中的角色也需要逐渐从指导、监督的位置过渡到顾问的位置。可以教孩子时间管理的方法，协助孩子制订计划和执行计划，并且随着孩子能力的增长逐渐放手。

有些家长在孩子上学之初帮助、监督，做得很有效。对于这些家长来说，"做"不难，难的是"不做"。我们的目标不仅仅是帮助孩子把今天的作业完成，更重要的培养他具备独立完成作业的能力。现在帮的目的是为了以后不帮，现在监督的目的是为了以后不监督，也就是"授之以鱼，不如授之以渔"。

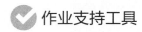 作业支持工具

作业监督清单

作业自我监督清单（由孩子填写）

行为清单	是	否
1. 我今天交了作业。		
2. 我记录了今天的作业。		
3. 我把做作业需要的资料都带回家了。		
4. 我在回家后半小时内开始做作业。		
5. 我在自己的专属位置做作业。		
6. 我完成了所有作业。		
7. 我检查了作业。		
8. 我收拾好了书包，这样明天我可以顺利上交作业。		
9. 我至少复习了 15 分钟课堂笔记。		

家长作业监督清单（由家长填写）

行为清单	是	是（经提醒）	否
1. 我的孩子今天交了作业。			
2. 我的孩子记录了今天的作业。			
3. 我的孩子把做作业需要的资料都带回家了。			
4. 我的孩子在回家后半小时内开始做作业。			
5. 我的孩子在自己的专属位置做作业。			
6. 我的孩子完成了所有作业。			
7. 我的孩子检查了作业。			

（续）

行为清单	是	是（经提醒）	否
8. 我的孩子收拾好了书包，这样明天可以顺利上交作业。			
9. 我的孩子至少复习了 15 分钟课堂笔记。			
10. 我的孩子完成了以上项目中至少 7 项，并得到了奖励。			

以上两个表格供孩子和家长在对作业进行过程管理时参考。家长也可以和孩子商量，制定适合自己家庭和孩子情况的表格，目的是确保孩子的作业任务可以一一完成，同时帮助他学会自我监督。

本章小结

1. 孩子做作业慢的问题可能是"伪时间管理问题"，即孩子作业拖延是因为在作业责任、作业动机、行为规范、空间管理能力、学科知识水平、手眼协调和精细动作能力等方面的不足所导致的。

2. 对于低年级的孩子，家长需要培养孩子时间感知能力，形成时间概念。

3. 在时间计划方面，家长可以教孩子用可视化的方法做计划，同时家庭生活兼顾稳定性和弹性。

4. 在作业过程中，家长可以教给孩子自我管理的方法，同时在孩子理解接受的前提下给予一定的协助和监督。

5. 对于"慢性子"和"完美主义"的孩子，家长需要接纳孩子的特质，多给予积极反馈。

6. 家长需要明确自己的角色，做孩子的"时间管理顾问"。

其实孩子可以自己做作业：
自主高效做作业的心理法则

第四部分
形成独立的作业习惯：
自主性支持

第九章

鼓励：
帮孩子"回血充电"

当我软弱时，你就是我的力量。

当我失语时，你就是我的声音。

当我看不见时，你就是我的眼睛。

你在我身上看到了最好的我。

——歌曲《Because you loved me（因为你爱我）》，
戴安·沃伦作词，席琳·迪翁演唱

作业实景

大部分时间，我觉得她没有什么可鼓励的

我女儿小 M 读四年级，成绩在班上倒数，作业完成得也不好。作业在我们家是一个只有家长记着的东西，作业是给我们写的，她没有一天主动写过。每天下班往家走，一想到晚上还要盯作业，等于又上一个班，我这心里就沉甸甸的。看她不争气我着急，道理没少讲，长年讲道理，长年没效果，这是什么情况？我都恍惚了。

我也是从做学生过来的，知道特别"混"的女孩最后是什么结局。我希望她自己考虑清楚，找到那个好状态，把自己理顺了。但我没研究过这方面的知识，不知道开锁的钥匙在哪儿，怎么才能让她转变。

我知道要给女孩子留点面子，不能把她骂得太厉害了。可是尺度怎么拿捏？我不知道，就特别心累。我也怕吼她吼多了，最后她跟我们有隔阂了，或者性格扭曲了。

她小时候不做作业我打过她，现在不打了。爸爸不能打女儿，这道理我懂。我也尽量不说伤她的话。有一次辅导语文作业，她一个低级错误来回犯，我急了脱口而出："你傻呀？"看她瞬间受伤缩起来的样子，那个感觉差到不能再差，后来这种话我再也不说了。

我也会鼓励她，但是和批评比，鼓励的确太少了。大部分时间，我觉得她没什么可鼓励的。

一、鼓励，让孩子觉得"我能行"

1. 知道"我能行"，孩子才会主动做作业

我们先来看看小 M 爸爸做得好的、值得学习的部分。

第一是他在参与孩子的教育，这相比起那些做"甩手掌柜"、让妻子"丧偶式育儿"的爸爸是强的。

第二他对自己教育方式是有反思的，这一点也很难得。一些家长不管孩子有什么反应，一直坚定地认为自己的做法就是对的，而小 M 爸爸可以觉察到自己的做法对孩子的不良影响，希望能够有所改进。

第三是就是他可以准确定位自己需要改进的部分，就是需要增加鼓励的频率，并且找到方法在孩子身上发现需要鼓励的点。

有了以上这三条，小 M 爸爸已经具备了解决问题的条件。

孩子一般都知道自己该去做作业，但从知道该去做一件事到真的去做这件事，中间还需要一个环节，就是孩子要感觉自己有能力去做这件事。一想

到作业，觉得自己是"能行"的，才会主动去做。如果一个人知道该做一件事，但又感觉自己做不来、做不好，那就不会主动去做，甚至会逃避这件事。孩子如此，大人也如此。

鼓励，作为自主性支持的方式之一，就是要让孩子觉得"我能行"，从而有"心气儿"去做事。

北京光明小学早在 1996 年就开始推行"我能行"的教育模式，形成了"我能行"的八句话，从中我们就可以感觉到浓浓的鼓励意味：

> 相信自己行，才会我能行；
>
> 别人说你行，努力才能行；
>
> 你在这点行，我在那点行；
>
> 今天若不行，争取明天行；
>
> 能正视不行，也是我能行；
>
> 不但自己行，帮助别人行；
>
> 相互支持行，合作大家行；
>
> 争取全面行，创新才最行。

"我能行"，如果作为一个人的总体感觉，就是**自信心**；如果放在具体的事情上，就是在这件事情上的"**自我效能感**"。我们希望促进孩子在作业上的自主性，既需要在整体上鼓励孩子，提升孩子的自信心，也需要在作业这件具体的事情上鼓励孩子，促进孩子在作业上的自我效能感。

2. 别总怕孩子会骄傲

鼓励的反面是打压式教育，这是一种让孩子扫兴的教育方式。

在某知名网站有过一个话题很受关注，叫作："为什么中国式父母总是很扫兴？"下面有很多回答，有一条高赞的回答是这样的：

"中国式父母的神奇之处：

和他们分享快乐，快乐就会消失。

向他们倾诉烦恼，烦恼就会加倍。"

还有一条回答也有很多赞：

"'爸爸，我考了99分！''还不够，继续努力！'

'爸爸，我考了100分！''别骄傲，继续保持！'"

在作业中也有打压式教育的影子。在一项访谈研究中，受访者在回忆小时候家长辅导自己作业时，提到的引发自己负面情绪的方式主要包括家长的批评、责备、羞辱和惩罚，且父亲会更多采用这种方式。

家长为什么会采用这种"扫兴"的方式？原因可能很多，但有一点是担心孩子会"骄傲"。

有一位当老师的家长这样说："我的孩子每次考得好的时候都会得意忘形，觉得自己特别棒。其实我自己当老师很清楚，他的程度真没他想的那么好。不是说'谦虚使人进步，骄傲使人落后'吗？我担心他会'翘尾巴'，所以我就会打击他一下，让他收着点，能够客观看到自己的水平。不过我一这样说他就很反感，我该怎么做才能让他接受呢？"

"谦虚使人进步，骄傲使人落后"这句话本身是对的，但是很多家长把这句话的适用范围扩得太大了。谦虚并不等于自卑、自贬以及对自己有否定评价，一个谦虚的人也可以是一个自信的人，而人在把一件事情做好之后自然而然产生的自信心、自豪感以及愉悦的感觉也不等于骄傲。

3. 允许美丽的偏差存在

前面那位做老师的家长观察到一个现象，就是孩子高估了自己。家长以为，要学得更好，就不能"翘尾巴"，应该让孩子"客观"认识自己。殊不知，案例中孩子对自己的高估也是一种正常的、健康的表现，在一定程度上体现孩子对自我的肯定，家长真的应该珍惜孩子现在积极健康的状态。

这样说可能不符合我们心目中的常识，但是心理学研究确实证明了"健康的人会高估自己，抑郁的人会客观评价自己"。

心理学者阿罗伊等人在实验中，让大学生通过按钮控制亮灯。但是学生对亮灯的控制权不是100%的，在不同轮次中，亮灯的比率分别是25%、50%和75%。实验者让学生在每轮结束后估计自己对亮灯的控制比率有多大。参加研究的学生有两组，一组是健康的大学生，另一组是抑郁的大学生。结果发现，健康组的大学生会高估自己对灯光的控制比率，而抑郁组的大学生则会对自己的控制权有准确的评估。

还有一些类似的研究，比如当研究者让健康组和抑郁组的参与者分别估计自己掷骰子的成功率，健康组普遍会高估成功率，而抑郁组会得出准确的判断。

这种现象被称为健康者的**积极幻想**（或积极错觉）。这种积极幻想有利于健康者适应环境，并采用一种积极主动的方式去行动。

所以，当孩子看上去过于乐观，高估了自己的实际水平时，也许恰恰说明了孩子身心健康、态度积极，这种状态会更加有利于学习和成长，不需要打压。当孩子觉得"我能行"的时候，一开始或许确实是一个偏差，但这只是一个美丽的偏差。如果家长可以一直鼓励他"你能行"，让孩子保持自己的主动性，有一天，孩子就会真的成为"我能行"。

具体到作业上，家长需要想方设法发现孩子身上可以鼓励的地方，相信孩子有潜力，有一天可以自觉、主动、高质量地完成作业。家长的相信和鼓励会促进孩子向着这个方向成长。

二、转变眼光，鼓励孩子并不难

1."三个一"练习：原来孩子有这么多闪光点

在一些家长讲座和团体辅导中，我会让家长做一个叫"三个一"的练习，就是两两结对，对搭档说出自己孩子的一个优点、一个特点和一个兴趣爱好。

这个练习来自一个叫"积极自我介绍"的练习，我做了改编。原来的练习是说出自己的三个优点，我把介绍自己变成介绍孩子。三条优点变成"三个一"，其实"三个一"从本质上就是三个优点，用"三个一"的方式是为了让大家从更宽广的角度来理解优点的内涵。

在做这个练习的时候，有一些家长会反馈说，平时总是盯着孩子的缺点，现在要说孩子的优点，还真是愣了一下，不太容易想出来。所以小 M 爸爸不是个例。说起孩子的问题滔滔不绝，但要说优点很困难。要破除这种惯性，家长首先需要调整自己的眼光，一旦可以看到孩子的优点，要说出鼓励的话就不是难事了。

平时，家长不妨有意做一做"三个一"的练习，想一想孩子身上的优点、闪光点，有意识地纠正以往眼光的偏差。当"三个一"的数目已经难不倒你，也可以适当增加到四个、五个……

2."积极赋义"练习：重新看待孩子的那些缺点

有的家长会说："我真的很难看到孩子的优点，我左看右看，看到的也都是缺点啊！"

有一个练习专治这种"只看到缺点"的眼光，这个练习叫作"积极赋义"，或者叫"重新赋义"。

我们看到孩子的表现，只是一些行为的集合，而行为的意义是我们自己赋予的，当我们给孩子的表现赋予了负面的意义，它就成了问题、缺点，但如果我们能重新思考，赋予其积极的意义，问题也可以转化为优点。

当然了，一下子把缺点看成优点还不太容易，这里有一个过渡的方法，就是我们先把孩子的"缺点"看成是"特点"，再从这个特点中发掘出优点。

以下面常见的抱怨为例，括号中是根据家长的抱怨概括的孩子的特点：

A. 我们家孩子做作业真是太磨蹭了，字写得不好就要反复涂改，造的句子不满意也要重造，做一道题还要验算好几遍，生怕做错，我都看不过去了。（对自己要求高）

B. 我们家孩子做作业也太马虎了，我每次都对他说：你认真一点！把字写得好一点！做题提高点正确率！可他就是不听，总是稀里糊涂很快写完作业，然后吵吵着要玩。（动作快，不拖沓）

C. 我们家孩子太听话了，老师说什么是什么，一些不重要的作业，比如做个手工什么的，都要当个大事完成，真耽误时间！我要帮他他还不让我帮。（认真，诚信）

D. 我们家孩子太有主意了，想做什么就做什么。他觉得有用的作业做得还认真一点，他觉得没用的就胡乱对付，有时甚至不做！就为这我都被请过好几次家长了，可他就是嘻嘻哈哈不当回事，气死我了。（有主见，内心强大）

E. 我们家孩子一根筋，死心眼，一道题解不出来，就一直闷头做下去，都不看表的，完全没有时间观念。（努力，坚持）

F. 我们家孩子特别容易分心，总是边写作业边玩，而且经常一科做不下去了就做另一科，总是这么半半拉拉的，他就不能一样一样有个先后次序吗？（灵活，会变通）

……

如果单看一个孩子，很容易把这些表现看成"缺点"，可如果集合在一起看，就发现这些表现仅仅是不同孩子的不同特点，是每个孩子的性格、能力、思维方式、学习风格上的差异，说不定一个孩子的所谓缺点还是另一个家长希望自己孩子能够具有的优点，属于"甲之砒霜、乙之蜜糖"。

所以，我们首先要把孩子身上所谓的"缺点"还原成特点，再从积极方面赋予这些特点新的意义。比如，我们可以说小 A 追求完美，细致谨慎；小 B 思维敏捷，做事迅速；小 C 规则意识强，认真负责；小 D 做事有主见，有策略，心理素质强；小 E 有恒心，做事可以忘我地沉浸其中；小 F 灵活性强，善于转换。

也许每种特点确实有其负面的部分，但在想到如何改善负面部分之前，我们首先需要接纳这些特点，欣赏这些特点的正面部分，在此基础上才是如何调整和改进的问题。

用这种"积极赋义"的方式，我们来看看小 M 的情况：

第一，虽然在学习和写作业上一直没有成功的体验，但是她没有完全放弃，家长提醒她去写作业，她会去。

第二，爸爸说到自己对孩子的一些负面的言行，但他没提到小 M 会对抗，说明小 M 对父亲有遵从。

第三，爸爸辅导做题，小 M 虽然没学明白但还在反复尝试，说明她愿意努力。

对于一个孩子来说，在一件一直感到挫败的事情上做到这个程度，已经很不容易了。

3. 不把孩子做到的事情当成理所当然

有一个妈妈这样分享了自己在家长群的感受：

家长群里有人在问：今天作业好像特别多，是吗？

有人回复：是的，这都九点半了，还在写。

还有人回复：应该是在学校做少了吧？课间、午休、自习、晚托都可以写作业的。

发问的家长叹息道：娃渣没办法。

看得我欲言又止。

课间和午休都拿来做作业是天经地义的吗？不把在学校的休息时间都用来写作业，回家就要写到九点半合理吗？作业写得慢就是渣吗？

我也是做妈妈的，真心想劝大家不要说自己的孩子渣。大家是不是已经不觉得"渣"这个字恶劣了？可能有人认为说说怎么了？小孩子现在也太玻璃心了吧？把语言变为伤人的利器没什么好处，关键是你的小孩根本不渣，这么难听的话是用来骂真正的坏人的。

这位妈妈提到了一个很重要的点，就是不把孩子做到的事情当成理所当然，能看到孩子的不容易。

孩子会从家长的眼睛看自己，如果家长能更多看到孩子做到的部分，而不是没有做到的部分，更多看到孩子的优点而不是缺点，孩子就更能感受到家长的爱，也会更加自信。当孩子内心有充沛的能量时，会发自内心地觉得"我能行"，那么即使需要去做困难的、不擅长的事，他们也会有动力去做。反之，如果总是在否定、质疑、"不行""不好"的阴影下，孩子就会失去前行的动力。到这一步如果我们硬要推着、拽着孩子往前走，就会我们累、他也累。要想不那么累，最好的办法就是戴着"积极"的滤镜去看待孩子，给孩子的生命铺上明亮的底色，这无论是对孩子还是对我们自己，都是更为美好和明智的。

物理学家阿基米德说："给我一个支点，我就能撬动地球。"能够看到孩子身上的闪光点，家长就拥有了撬动孩子成长的支点，这也是小 M 爸爸所希望寻找到的"钥匙"。

三、鼓励之道：做孩子的啦啦队

1. 得分多欢呼，失分多包容

在体育比赛当中，啦啦队是一个重要的存在，是给运动员加油打气的。对于运动员来说，得分时需要的是己方观众的欢呼声，丢分时需要的则是理解和包容，这样他才会更有干劲儿。

假如在赛场上，运动员得分时啦啦队并不欢呼叫好，而是说不要太骄傲了；在丢分、失败的时候，却会喝倒彩，说要知耻而后勇，运动员恐怕会深受打击。

体育比赛很讲究主客场之分，运动员在主场上之所以会有优势，就是因为会有更多己方观众和啦啦队的支持。

啦啦队的作用就是鼓励运动员。家长在孩子作业中的一个很重要的角色，也是给孩子提供鼓励。我们需要向啦啦队学习如何鼓励孩子，好让他们可以更勇敢、更努力地在赛场驰骋。

2. 包容消极情绪，它才更容易过去

具体来说，鼓励分两个方面，即情绪上的鼓励和思维上的鼓励。

情绪上的鼓励就是给孩子加油打气，我们先来看如何在孩子有消极情绪时进行鼓励。

很多孩子在做作业有困难的时候都会吐槽，比如说："这个作业怎么这么麻烦？我怎么又错了？太烦人了！"这种时候，家长不要急着去批评或辩驳，"你这是什么态度？废话少说，赶快写！"或者"你怎么这么哼哼唧唧的，不就是做错了吗？错了赶紧去改！"这种方式就是在否认孩子的情绪，压制孩子的感受。其实我们成年人有时也难免会吐槽，比如在工作中有不满

情绪会私底下去跟同事、朋友或家人吐槽，然后心情就平衡了。对于孩子来说也是这样，他们需要在觉得不爽的时候有一个空间允许他释放这些负面的东西。

所以作为家长，首先应该接纳孩子的感受，把孩子的负面情绪承接下来，这样负面情绪才更容易过去，因为情绪只能"疏"，不能"堵"。比如我们可以讲："对呀：看上去这个作业确实有点难，难怪你会觉得烦。"

有些家长担心这样会鼓励孩子对学习的不良态度，其实不然。认可孩子的情绪不等于同意他的观点。有的孩子在抱怨时可能会说老师的坏话，或者说觉得学这个没有用。这时我们不必赞同他的观点，但需要让孩子觉得自己是被理解的，最起码不去压制他的情绪。

在接纳了孩子的负面情绪之后，我们还要帮助他看到自己能做好的部分，就是给他加油打气。比如我们可以说："我看到你不太开心，因为这个题没有做出来，但我知道其实你对解几何题还是很有想法的，要不要再试试看？"这就可以让孩子想到以往的成功经验，从而对自己产生信心。

3. 共鸣积极情绪，让干劲儿加倍

按道理说，要承载孩子的负面情绪需要花费较多的努力，回应孩子的积极情绪不应该是太大的问题，因为当孩子取得进步时，家长的心里也是高兴的。但现实是，有的家长不善于表达自己的高兴，或者觉得不应该表达这种高兴，觉得板起脸才能防止孩子"骄傲"。这样久而久之，就真的不知道该怎么回应孩子的积极情绪了。

根据积极心理学的研究，人对他人的积极情绪的回应有四种方式，分别是积极主动式、积极被动式、消极主动式和消极被动式。如下图所示：

回应他人积极情绪的方式

比如，孩子做作业，吭哧吭哧地解出了一道难题，跑来找家长，说："看！这道题是我自己做出来的，好开心啊！我是不是特别棒？"

积极主动式的家长会用主动的态度、热情的语调、开心的表情给予积极的回应："是啊，好棒啊！鼓掌！妈妈（爸爸）真高兴……让我看看这道题……呦，这题干这么长，还好几个问题，看上去好复杂啊，你是怎么想出来的？也太厉害了吧！你用的是什么思路和方法，能讲讲吗？"

这样一问，孩子通常会滔滔不绝地给你讲题目是怎么做出来的，你在一旁微笑、倾听、赞赏就好了。

而**积极被动式**的家长也会对孩子表示认同，表达积极的含义，但其方式却是被动的，比如面无表情、语气淡淡地说："嗯，能自己做出来，还不错。"

家长这样的反应，孩子会多少有点失望，但也说不出什么，只是回去继续做题的干劲儿没有那么足了。

消极主动式的家长则会给予负面的回应，而表达方式是"主动出击"式的，比如皱着眉头、用焦虑的语气说："乐什么乐啊？你这道题都做了有二十多分钟、快半个小时了吧？有没有点时间观念啊？今天又不能按时睡觉了吧？你看看是不是有什么知识点没掌握，才花了这么多时间？你上课到底有没有认真听讲，咱们得好好总结总结……"

家长这样一通操作猛如虎，孩子之前再高兴，也会像被浇了一头冷水。

消极被动式的家长则压根不关心孩子说了什么、做了什么，比如略微抬头瞄一眼孩子又低头刷手机，喃喃自语："一打岔，这条视频我得再刷一遍。"

孩子估计也就不吱声了，心想："看来刷手机比我的事重要，我作业做成啥样无所谓。"

从上面的对比可以看出，家长最好的回应方式就是积极主动式。学会用这种方式回应孩子，孩子的心情会更好，家长的心情也会好，而且孩子受到鼓励，会更有动力继续努力，也会对自己如何能做得更好有更多的经验和体会。

4. 思维上的鼓励，让孩子更进一步

思维上的鼓励是指鼓励孩子在思想上进行探索。鼓励孩子对作业提出问题、质疑，用新的方式做作业。得到了鼓励的孩子会更主动地去思考，比如说在做题时用不一样的方法，或者不断优化自己写作业的时间安排，等等。家长支持孩子突破舒适区，孩子也会不断提升自己的水平。

有个家长是这样做的：

"学校里不是时不时要做手抄报嘛，孩子以往都是用那种四平八稳的排版方式，现在想尝试用比较活泼的方式，又不太确定。我就说好啊，你可以用新的方式排版。她还是担心会不好看，我说你可以先画画草图，自己看看效果。她就先在草稿纸上大致比画了一下，确定了样子就去做了，做完了自己挺满意。"

有的家长不善于鼓励孩子，比如说孩子想要一题多解，家长说："这道题就得照例题那么做，你就照老师说的步骤去做就好了！"也有的家长生怕孩子在探索时花费时间，会说："我一眼就看出他那种思路不对，所以不想让他耽误时间。"这样就限制了孩子的探索精神。我们不妨慢半拍，让孩子按照自

己的方式去做，"好啊，你这个想法有点意思，那你就去试试吧"。这个尝试的过程本身就有意义，如果孩子经过尝试之后发现了问题，我们可以再跟他讨论怎么样是更好的做法。

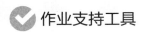 **作业支持工具**

性格优势一览表

积极心理学的研究发现，人类有六大类美德 24 项性格优势（见下表），而一般人都会在其中的 3~5 项上特别突出，这 3~5 项就是这个人的"标志性优势"。充分识别和发挥一个人的优势，可以促进一个人的成长。

性格优势一览表

美德		性格优势	解释
第一类 知识与 智慧	1	创造力	产生新想法，用新的方式做事，取得成果。
	2	热爱学习	热情主动地掌握新技能、新主题、新知识。
	3	好奇心	对各种经验感兴趣，愿意探索和发现。
	4	开放性思维	也称"批判性思维"，指能从不同角度深入思考问题。
	5	洞察力	也称"智慧"，指更高层次的知识和判断。
第二类 勇气	6	真诚	真实诚恳，表里如一，为自己的言行负责。
	7	勇敢	面对危险、挑战、痛苦不退缩。
	8	坚持	善始善终，有困难也能坚持到底。
	9	热情 / 活力	精力充沛地生活，积极主动。
第三类 仁爱	10	爱与被爱	重视与重要他人的亲密关系，彼此分享、关心。
	11	善良	对人友好，与人为善，助人为乐。
	12	社交智力	善于了解自己和他人的情绪和动机，与人相处恰当得体。

（续）

美德	性格优势		解释
第四类 公正	13	领导力	善于鼓励、激发、协调团体成员完成任务。
	14	团队精神	对团体忠诚、尽职尽责，积极参与。
	15	公平	按照普遍原则对人一视同仁，不偏待人。
第五类 节制	16	宽容	接受他人弱点，原谅他人过错，不怀恨报复。
	17	谦虚	诚实面对自己的不足，不追求被特别关注。
	18	审慎	为了长远目标小心决策，不冒无谓风险。
	19	自制	根据原则、目标调控自己的情绪、行为。
第六类 超越	20	审美	能欣赏自然、艺术、科学、生活、技艺中的美。
	21	感恩	关注、感谢生活中美好的事，并能表达出来。
	22	幽默	喜欢给人带来欢笑，看到事情中轻松有趣的一面。
	23	希望/乐观	期待未来更美好，相信努力就会实现。
	24	信念/信仰	相信生命有更高的目的和意义。

这个表有两个用法：第一是作为平时鼓励孩子时的参考；第二，也可以将孩子在做作业的过程中体现出来的优点和表中的内容相对应，有针对性地进行鼓励，比如：

你这篇作文写得真生动，还有一些幻想的色彩，真有创意！（创造力）

这一整本作业练习册你都能坚持完成，而且从前到后质量始终如一，真棒！我真为你骄傲！（坚持）

这次小组作业是你负责的吧，你看你组织得多好，每个人都分配了合适的任务，还组织了大家的线上讨论，难怪你们组在班里得了第一。（领导力）

你这次的 PPT 作业做得好漂亮，选的模板也好，你做得也好，色彩特别和谐，图片和文字的穿插也特别舒服。（审美）

本章小结

1. 鼓励可以让孩子感觉"我能行"，促进孩子在作业上的自主性。
2. 家长可以通过"三个一"的练习和"积极赋义"的练习，多关注孩子身上的优点。
3. 鼓励包括情绪上的鼓励和思维上的鼓励。
4. 要给予孩子情绪上的鼓励，可以在孩子有消极情绪时给予接纳和包容，在孩子有积极情绪时给予积极主动的回应，给孩子加油打气。
5. 要给予孩子思维上的鼓励，可以支持孩子在作业中探索新的方式。

第十章

给予选择：
让孩子"我的地盘我做主"

在我地盘这，你就得听我的，

把音乐收割，用听觉找快乐。

开始在雕刻，我个人的特色，

未来难预测，坚持当下的选择。

——歌曲《我的地盘》，方文山作词，周杰伦演唱

🏷 作业实景

女儿说她知道什么作业该做，什么不需要做

身在以"内卷"著称的北京市海淀区，雯雯从小没在外面学过英语和奥数，这两门课基础不好，导致从小学五年级起，她做作业就有了困难，对数学和英语作业没有信心和耐心。数学的计算、口算不做；英语阅读不读，单词不背，书一下不翻，一眼不看。

小学的知识不太难，她不写作业，我们和老师都没有强迫她，她过得挺开心。小学毕业考试，三门分别考了 97、98、99 分，也不差，就这样升入了初中。

但毕竟初中和小学不一样，学习难度上来了。因为数学和英语考得不好，她掉过好几次眼泪。另一方面，语文、历史、政治一直是她的拿手科目，升

入初中后依然保持着绝对优势。我想她的弱势科目急需多加练习，不然弱科可能会把她拖进泥沼，越陷越深。

多亏女儿的老师有着大度和开放的心态。我和语文、历史、政治老师深入沟通后，他们对她网开一面，允许她不做或少做作业。这在很大程度上给她减了负，使她能多去补自己的短板学科，把主要精力放在数学和英语作业上，让她提前进入到了"个性化分层作业"的阶段。

或许是"个性化分层作业"真能减负增效，或许是女儿本能的上进心发挥了作用，她的数学和英语进步不小。作业题里的"拦路虎"少了，写着就没有那么抵触了。以前作业、考试从来没上过 90 分，现在都能拿到 90 分以上了。

这孩子很有个性，有一次作业错得多，她安慰我说："没事儿妈妈，这个作业没那么重要。"

她对自己有判断，她说："有一类孩子听话、克己、自律，老师布置的作业都要完成；另一类就是我这样的，知道什么作业该做，什么不需要做。"

大方向是在进步，偶尔她也会走走回头路，我觉得可以理解。有一次，她罕见地写完了全部作业，抱怨道："累死我了！太可怕了！为什么非要把作业都写完啊？"

一、作业中的选择，让孩子有自己的"地盘"

1. 有选择才能更自主

在雯雯的案例中，可以看出她是一个偏科比较严重的学生，家长发现问题后，通过和老师协调让她对作业的内容有所选择，把重点放在不擅长的学科上。孩子对作业的轻重缓急也有自己的把控，这种就属于对**任务**的选择。作业任务通常都是老师布置且必须当日完成的，一般情况下并没有那么大的选择空间。个性化分层作业能让孩子对任务能有所选择，突出重点。毕竟作业本身不是目的，通过作业达到良好的学习效果才是目的。

选择的另一个方面是**对做事方式的选择**。有的家长会对孩子写作业的过程抠得非常细。比如说先做什么、后做什么，全都规定好，对具体完成某科作业的方法也有具体要求，甚至作业全过程一直陪在旁边指指点点，这样就限制了孩子自主能力的发展。

当我们说一个人对一件事有"自主权"的时候，就是他可以自由选择如何做这件事。无论是对任务的选择，还是对做事方式的选择，都会让孩子感觉到是自己在主导这件事情。有了自主权，才谈得上提升自主性。

有的家长从孩子很小的时候就开始有意识地给予选择的权利，比如这位妈妈：

我女儿从小的个性就特别强，你要让她向东，她就会向西。有个说法叫"可怕的两岁"，她在"可怕的两岁"时真的特别难搞。后来和一位"资深妈妈"聊天，她教给我一招，就是让孩子自己做选择，我发现这一招对我女儿特别有效。

开始时是二选一、三选一，比如"你现在是想喝牛奶还是喝酸奶？"——喝牛奶或喝酸奶都是我想让她做的。再大一些让她多选一，比如买衣服，我挑好式样之后，让她在几个颜色里选一个。记得在她五岁时，有一次在商店买衣服，她选了白色。我想着白色不禁脏，很想让她换一个，但我还是忍住了，家长得说话算话。

上学之后我继续用这一招，比如英语作业是要口头背诵，需要家长监督和签字，我回家之后就会问她，"你是想现在背英语，还是想吃完晚饭后再背？"英语是一定要背的，时间让她选，她就觉得是她在做主，作业就顺理成章地完成了。

这样下来，无论是在学习上，还是在其他方面，她都有自己的主意，自己的事情能自己搞定。到高考报志愿的时候，她自己早就选好了专业，那个专业我原来都没有听说过，了解了之后觉得很适合她。我想我多少要参与一点，就干了点"体力活儿"，帮她在志愿填报的大本子中把有那个专业的学校用记号笔都划了出来。

2. 孩子自主权的边界在哪里

我们在前面第四章中讲了作业责任，有了责任，也就应该有相应的权力，责权利一致，让孩子可以"我的地盘我做主"。

有的家长有这样的困惑：一方面希望给孩子属于自己的"地盘"，让孩子可以学会自主地做选择；但另一方面，又担心给的地盘太大了。那么这个"地盘"的边界在哪里？

研究发现，孩子在三四岁的时候就开始有"自己的地盘"意识了，在他们认为属于**个人性**的事情上，觉得自己可以做选择，比如要穿什么衣服、吃什么东西、如何玩自己的玩具等；但对于**社会性**的事情，就是那些和他人以及社会相关的事情，他们认为家长是可以管的。

有一项研究对七岁的儿童进行了访谈，让孩子们对假设的场景做出判断。一类场景就是个人性的事情，比如"约翰喜欢玩拼图，可在他做完作业想玩拼图的时候，妈妈不让他玩"。在这类场景下，孩子们会替约翰表示不满，认为这是可以自己决定的事情，家长管多了。

另一类场景就是社会性的事情，比如"玛丽喜欢玩娃娃，可她非要抢妹妹的娃娃，遭到了妈妈的阻止"。在这类场景下，孩子们认为妈妈管得对，玛丽应该听从。

我们既然说作业主要是孩子的责任，家长只是辅助角色，就说明作业在性质上是个人性的事情，家长需要尊重孩子在这件事上的自主权、选择权。

3. 孩子需要作业上的自主权

孩子的自主权与能力相关。当年龄小、能力不足时，家长可以替孩子做一些选择，但也不能过度。比如从下面这位家长的陈述中可以看出，孩子爷爷就管得太多了。

我的儿子刚上小学一年级，正好赶上我和孩子爸爸要派到国外工作半年，孩子的爷爷奶奶担负起了接放学、做晚饭、辅导作业的工作。爷爷做事细致认真，责任心强，但是依我看，他给孩子辅导作业时有点过于严格了。

比如说，他认为一年级书面作业不多也不难，预习、复习也是作业的一部分，而且非常重要，应该坚持。每天孩子放学后，他都会问他各科学了什么，想通过这种方式帮助他巩固知识，但是孩子并不喜欢机械性地重复，没过几天就表现出明显的抵触。

爷：今天都上了什么课？

孙：你自己看课表吧，墙上贴着呢。

爷：今天数学学了什么？

孙：没学什么，特别简单，我都会。

爷：简单都是什么呀？你说来我听听。

孙：没什么好说的，我不想说。

爷：那语文学了什么呀？

孙：老师就讲了两个故事。一个是小白兔和小灰兔，一个是孙悟空大闹天宫。

爷：你把故事给爷爷讲讲。

孙：你让小度讲吧。

爷：小度讲和你讲不一样，爷爷是要锻炼你的语言能力。

孙：爷爷，我觉得你好无聊呀！

这样的对话听得我在一旁哭笑不得。

有一天，孩子放学回来挺开心，说昨天预习的课今天没上，也没学新课，这样爷爷就不用让我复习和预习了。

没想到爷爷听了说："那好，我买的古诗书到了，今天背古诗，顺带把拼音练了。"

孩子说："我不，不背不背就不背！"

爷爷说："那不行，你爸妈不在，我管你，你就得听我的。"

两人你说一句我顶一句，最后就闹掰了。那之后几天，爷爷去接放学，孩子见到他不打招呼，装不认识。

看爷爷心气儿那么高但孩子不领情，我也委婉提醒过他，但是爷爷仍然坚持自己的意见。他说："这个恶人就由我来当吧。我相信等孩子长大了，他会理解的。"

这位爷爷虽然是出于善意，但采取了一种"我说了算"的方式，没有给孩子一点自主权，这样的方式不利于建立良好的爷孙关系，孩子也容易过早地产生逆反情绪。

从积极的角度想，孩子的反感正说明他意识到了作业和学习是自己的事情，这是孩子有自主性的表现，如果家长因势利导，可以让孩子从一开始就对学习有主动的心态。哪怕才一年级，孩子也具有一定的选择能力，让孩子对自己做作业的方式有所选择，有助于帮助孩子养成适合自己的学习习惯。同时，父母外派也是一个培养孩子独立性的契机，可以趁机告诉孩子"你上学了，是大孩子了，自己的事情要自己做，爷爷奶奶只是来帮助你的"，这样无论对于祖孙的关系还是对孩子长远的发展都更有利。

二、如何通过"给予选择"发展孩子的作业自主性

1. 年龄越大,"地盘"越大

家长不仅应该在孩子上学之初就给他在作业方面一些自主权,随着孩子年龄的增长,还需要逐渐让他有更大的"地盘"。那么,应该如何扩大孩子的作业"地盘"呢?主要有以下三种方式:

第一种是我们通过观察认为孩子已经具备了某方面的能力,于是主动给予他在这个方面的选择权。比如语文老师会给孩子布置课外阅读的作业,有些是必读书目,有的是自选书目。一开始孩子不会自己选,是家长帮助选择的;后来家长觉得孩子已经具备了判断能力,就可以让他自己选。

第二种方式是孩子主动要求在一些事件有自主权,得到了家长的许可。比如孩子对做作业的场所有自己选择,周末要和同学一起到图书馆做作业,家长答应了。

第三种情况就是家长和孩子的看法不一致,经过了"讨价还价",最终达成共识。比如孩子在写作业时需要用手机查资料,一开始家长规定让孩子在半小时内把该用手机做的事情都做完,然后就必须把手机放到公共区域。一段时间后,孩子说半个小时不够,希望适当延长时间,有一些灵活性。家长开始不同意,但听了孩子讲述的理由,最终同意了。

在上述三种情况中,前两种情况相对简单,第三种情况需要斟酌。家长一般不会有求必应,但也不能什么都等到孩子能做到完美时才放手,所以第三种情况就是亲子之间的"拉锯战"。孩子需要通过证明自己的自主能力来逐步争取到更大的地盘,家长也需要面对孩子的成长"且战且退"。这种状况是正常的、健康的。家长看似在一点点地让步,但其实这是一种"胜利的让步",因为孩子的胜利最终也是家长的胜利,孩子会在这个过程中逐渐成长为一个独立自主的大人。

还有一种情况，就是家长不给孩子自主的地盘，尽管孩子年龄在增长，但家长一直在掌控孩子学习、生活的各个方面。表面看上去家长胜利了，其实这是一种"**失败的胜利**"。有研究发现，在那些家长控制性过强、拒绝通过协商讨论来解决争议的家庭中，孩子更容易有焦虑和抑郁的问题，学业成绩也会受到不利的影响。

2. 不尊重孩子的地盘，侵入式教养有危害

下面这位爸爸就属于控制性过强的家长：

我的父母是老师，我小时候学习很好，后来家里出了点事，只念完了高中，在学业追求上留下了很深的遗憾，所以当女儿开始上学时，我对她的要求就比较高，盯得也比较紧，生怕第一步走不好，负面影响难以消除。

在她一二年级时，我对她进行过一些作业辅导。学拼音和加减法，我自制卡片帮助她练习。她基础打得特别牢固，作业写得又快又好，我想我的辅导还是有一定作用的。

女儿数学好，语文相对差一些。大概是在三年级，有了看图说话作业，她来问我，我说一句她写一句，写完一句就问我："然后呢？"我不说，她就不知道怎么写。"辅导"变为"听抄"，她几乎放弃了主动思考。我一看这不行，就不再辅导她了。

但我又不能完全放下心来，于是我开始"监督"她。我想那么点儿一个小孩，一个人关着门在房间里是肯定是不老实的，"监督"可以让她更自律。我会在她写作业的时候蹑手蹑脚走到她房门前，然后用足力气"哐"一下把门推开，看她那一刻有没有在认真写作业。

她会非常害怕和紧张。有时候她的样子看上去是在写作业，但其实她脑子里在想什么我也无从知晓，但我认为如果她真的在认真学习就不应该害怕，

害怕说明不够专注，或者心里有鬼。也有几次，我抓到过她在画画，或是玩笔，这说明我的抽查是有必要的。于是我不许她关门了，这样我在外面走来走去都可以看到她。

家长在孩子作业中的参与不只是辅导，监督也是一个方面。但具体怎么监督，还是要考虑孩子的感受，也可以和孩子商量用什么方式可以接受。像这位爸爸这个监督法，对孩子的伤害会多于帮助。从注意力的角度，如果一个人在专注的时候有人突然闯入，会造成分心；从情绪的角度，如果总是担心门可能会被突然推开，这种紧张情绪会让孩子没有安全感；从亲子关系的角度，这种做法会破坏亲子间的信任。

这个爸爸的教养方式，在专业上叫作"**侵入式教养**"，也就是不尊重孩子的自主领域（地盘），是一种会破坏孩子自主性的教养方式。

侵入式教养是一种特殊形式的强制。一般来说，当我们说到强制时，会想到那种简单粗暴、动辄打骂的方式。对于关注教育并有所了解的家长来说，通常会认识到这种方式对孩子的发展不好。侵入式教养看上去似乎更为"温和"，其危害具有隐蔽性。侵入式教养的本质是**心理控制**，在《侵入式教养》一书中这样写道："心理控制……侵犯了孩子自我发现的机会，使得他难以将自身与父母区别开，侵犯了他的个性化发展，侵犯了他的心理能力和自我引导，侵犯了他的认同、功效和价值。"

侵入式教养会在四个方面有体现：对时间的侵入，对空间的侵入，对事权的侵入，以及以规则之名的侵入。

对时间的侵入，是指过度占用孩子对时间的掌控权，不给孩子留出自己休息、娱乐、自主安排活动的时间。我听说过一个极端的案例，一个有先天性心脏病的孩子，家长给他报了多个课外班，孩子的课后时间都被课外班和课外班的作业填满了。由于孩子总是显得很疲惫，学校老师劝家长给孩子减负，但家长就是听不进去。

对空间的侵入，是指不尊重孩子自己的空间，随意出入。比如前面那位习惯破门而入的爸爸就属于这种。孩子没有办法关上自己的房门，却会对家长关上心门。

对事权的侵入，指的是家长把孩子的事完全当成自己的事，掌控孩子做事的每个细节，比如那位特别认真辅导孙子作业的爷爷就属于这种类型。在作业这件事上，家长的角色是帮助者，不是主导、掌控和包办代替，这里特别需要拿捏帮助的分寸。采用侵入式教养的家长往往缺乏"这件事是孩子自己的事情"这种意识，会以孩子缺乏能力为理由全权代管。

以规则之名的侵入，是指给孩子制定过严、过多、过细的规则。对于家长的过于琐碎的规则，孩子通常是会有所反应的。有一次，一个妈妈给了刚上小学一年级的孩子一长串的指令，让孩子按照这些指令做作业，孩子的回应是："妈妈你说得太长了，我听不懂。"

研究发现，在采用侵入式教养方式的家庭中，孩子的自我调节能力、对环境的适应能力、学业成绩会更差，人际冲突和问题行为会更多，孩子也更有可能出现抑郁、焦虑等心理障碍。采用这种教养方式的家长，好像一边剪掉孩子的翅膀，一边责备孩子："你为什么不会飞？"

在作业方面，侵入式教养的主要表现就是给孩子提供不需要的帮助、辅导和监督，不让孩子按照自己选择的方式做作业。

研究发现，当家长在作业问题上采用侵入式教养时，孩子在作业中会有各种负面的表现，比如逃避（"再让我玩儿会儿吧，我还不想写作业呢。"）、拒绝（"我就不写了！"）、有负面情绪（"太难了！我做不到！好烦啊！"），等等。

家长对自己采用了侵入式教养的方式常常是不自知的。好消息是，如果可以自我觉察，是可以改变这种不良方式的。

　　我们这个地方是一个地级市，我原来没怎么听过心理学，也不知道该怎么教育孩子，自己觉得怎么对就怎么来。我对女儿的学习是很不放心的，她写作业的时候，我经常会找借口进去看看，给她送杯水啊，或者削个苹果送进去，名义上是关心她，其实是盯着她到底有没有在好好写。我还会把她的窗帘稍微拉开一点，露出窗玻璃，再给她的房门留条缝儿。从那个门缝望进去，我正好可以从窗玻璃的反光上看到她。

　　现在她大了，不吃我这一套了，写作业时不欢迎我进去，把门关严实了。看不到她，我在外面抓心挠肝的。我和她讲，你这样让我很难受，她说："妈妈你这是病，得治。"

　　最近我们这边开了一个心理机构，有朋友拉我去帮忙。我一边做会务，一边旁听心理专家的课，这才知道我这样做是因为太焦虑了，太想掌控孩子了。现在我学着让自己放轻松，更多地信任女儿，朋友都说我变化特别大。我不盯着她的作业了，她做得反而更好了，成绩也有所提升，我们之间的关系也更像姐妹了。

三、允许孩子用个性化的方式做作业

1. 每个孩子都有自己独一无二的学习风格

　　有的家长会想，孩子哪知道该用什么方法写作业最好？我是名校出身，是硕士、博士，有现成的成功经验，让孩子照着做不就得了吗？何必让他自己选？

　　这件事情还真没有那么简单。

　　两千多年前的孔子就提倡因材施教，说的就是学生和学生之间有差异，不能"一刀切"。现代教育心理学的研究发现，不同的学生有不同的学习风格。

学习风格是指"学生在学习时所惯用或偏爱的方式，是学生在学习中的个人特色"。学习风格体现了孩子在学习上的个体差异。我们希望孩子在作业中有更好的表现，就需要允许他有更多的自主选择，让他在这个过程中摸索出最适合自己的方式。

学习风格有非常多的维度和分类方式，以下只是其中的一部分：

（1）时间的偏好

不同的孩子学习效果最佳的时间是不同的。有的孩子喜欢早晨，属于百灵鸟型，喜欢早起读书、背诵；有的孩子喜欢中午，习惯在中午赶作业；有的孩子喜欢晚上，是夜猫子型，喜欢在万籁俱寂时做需要动脑筋的作业。

（2）环境的偏好

有的孩子喜欢安静，一有噪声就会觉得被打扰；有的孩子喜欢有背景噪声的地方，太安静了反而容易走神儿。

有的孩子喜欢明亮的环境，让房间里灯火通明；有的孩子喜欢房间里不开大灯只开着台灯，反而更容易集中注意力。

有的孩子在温暖的环境感觉舒适，更愿意在这种环境中写作业；有的孩子室内温度过高会打瞌睡，喜欢凉爽一些。

有的孩子喜欢一个人独自写作业，觉得这样可以深入思考；有的孩子喜欢身边有同伴，有说有笑、有商有量一起做……

（3）感觉通道的偏好

有的孩子是**视觉型学习者**，习惯通过视觉来接受信息，喜欢色彩丰富的配图、清晰的表格，自己也喜欢通过画图、画表格来学习。有的视觉型的孩子甚至有"照相机式的记忆"，他们可以记住某一段文字在书上的什么位置，所以他们背书的方式可能就是一直在看。

有的孩子是**听觉型学习者**。他们喜欢听书、听课文，对听的东西会印象更深刻；他们还可能喜欢朗读，适合通过读的方式从总体上感知课文、理解语法，而不是抠具体的字、词；他们还可能喜欢边听音乐边学习，有音乐的陪伴他们会更专注，但这一点往往会被家长诟病。

有的孩子是**动觉型学习者**。他们喜欢"做中学"，喜欢做实验，喜欢动手操作的作业；也有的孩子在学习时要动起来才会印象深刻，比如一边手舞足蹈一边背课文；还有的孩子在做作业时小动作会比较多，因为动起来反而可以让他们集中注意力思考，但家长往往会觉得他们"不专心"，想把他们按在椅子上不要动。

以上这些是常见的感觉通道的偏好，还有一些少见的类型，比如有的孩子是咀嚼型学习者，他们在学习和思考的时候习惯嘴里嚼点东西，这样能帮助他们缓解压力，集中注意力，促进思考。

（4）认知风格的偏好

有的孩子的认知风格是**冲动型**的，他们写作业的速度通常比较快，能够快速对一个作业任务形成自己的看法，然后立即着手去做，他们果断、有行动力，但错误率可能会高一点。

有的孩子的认知风格是**反思型**的，他们倾向于三思而后行，对问题进行深入思考再做判断。他们往往做作业会慢一些，但是正确率比较高。

（5）思维方式的偏好

有的孩子的思维方式是**系列型**的，他们用直线性的方式来思考问题，一步一步地进行推导，讲究思考的逻辑性，稳扎稳打，一环扣一环。

有的孩子的思维方式是**整体型**的，他们从整体上把握问题，做出直觉的判断，他们能更好掌握知识的大框架和结构，但可能会在细节上有疏漏。

以上只是学习风格的一部分维度，学习风格还有其他的分类方法，比如左脑型和右脑型、场独立型和场依存型……这些就不一一说明了。每个孩子都可能在其中一个维度上有自己的偏好，而把所有维度放在一起，又会有多种多样的组合方式。所以在学习风格上，每个孩子最适合的方式都是独一无二的，家长如果硬要把自己的经验套到孩子身上，不一定适合，效果也并一定会好。

2. 鼓励选择，帮孩子找到适合自己的学习风格

据说动物会在生病的时候选择适合自己吃的草，孩子可能也会选择自己觉得好的方式去做事。那么，家长该如何帮助孩子在作业中形成适合自己的方式呢？

首先，要允许孩子在做作业的方式上有自己的选择，让他觉得自己有自主权、选择权。

其次，可以和孩子商量，问他需要什么帮助。帮助的方式不是家长单方面说了算的，而是要听取孩子的意见。

最后，观察孩子在什么样的条件下做作业的效率最高、效果最好，然后把观察到的情况反馈给孩子，帮他意识到什么样的方式是有效的。

一开始，孩子的方式可能确实还不那么成熟，家长也确实更有经验，可以提一些建议。但家长的方式未必都适合孩子，还是要允许孩子有自主的空间，逐渐探索适合自己的方式。家长的角色更像是"顾问"，而不是老板。这样孩子才能慢慢找到适合自己的方法，从而获得做作业的自主能力。

比如下面这位妈妈就给了孩子较大的自主空间，支持孩子用自己的方式写作业。

说老实话，我真不觉得做作业是多么苦大仇深的事，只是我平时不敢在家长群这么说，怕别人觉得我在"凡尔赛"。

我一直觉得作业就是孩子自己的事儿，家长不用管那么多，提供必要条

件就好。记得我小时候写作业，开始都没有自己的桌椅，就是一把木头椅子当桌子，再加上一个小板凳，天气好的时候就在我们家住的那个大杂院的院子里写，根本不用家长盯着。后来家长不知从哪里搞来一套二手的儿童桌椅，桌子和椅子在侧面连着，墨绿色，我特别高兴，觉得坐在那里写作业很舒服。后来这套桌椅由我堂妹"继承"，听说她也很喜欢。

到我儿子这儿，上学前我们也是带着他去挑了一套儿童桌椅，和他一起布置了个"安静"角落，放了一些文具，书桌上的小书架上摆了他的绘本，还有他画画的水彩笔、做手工的工具箱之类的。那个地方他挺爱待，记得有一次做轮船的手工，他在那儿坐了好久。上学之后，他就在那儿写作业。如果需要我帮忙，我就帮他一下。现在和我们那时不一样，做作业需要的"装备"真多，有时需要用电脑，有时需要打印，这些还是需要帮他弄。但他如果不需要，就他干他的我干我的。

那天无意中刷到一个视频，一个据说是很有经验的辅导老师说孩子四年级之前家长要陪着写作业，四年级之后就不用陪了。我想，啊？我们家这个已经四年级了，我从来没有陪过啊，莫非我当了个假妈妈？他还说辅导作业有妙招，要让孩子先做困难的作业，再做容易的，免得把困难作业拖到最后完不成。我把这个视频给我儿子看，他说我就习惯先做容易的，容易的好上手，让自己先启动起来，这样越做越有信心，再去"啃硬骨头"。他觉得自己的方法挺好，我也觉得挺好。一个孩子一个样，与其什么都听"专家"的，不如多听听孩子自己是怎么说的。

这位妈妈在孩子的作业中适度参与，不过多干涉，孩子也在自主做作业的过程中找到了适合自己的方法。

✅ **作业支持工具**

家长自主性支持评价表

家长可以让孩子填写以下评价表，了解在孩子心目中你给予的自主性支持是否充足。

家长自主性支持评价表（由孩子完成）

		非常 不同意	比较 不同意	不确定	比较 同意	非常 同意
1	父母会鼓励我对作业提出问题。	1	2	3	4	5
2	父母会听取我对作业的想法。	1	2	3	4	5
3	父母会了解我怎样去做作业。	1	2	3	4	5
4	父母对我做作业的能力有信心。	1	2	3	4	5
5	父母在如何完成作业方面为我提供了选择。	1	2	3	4	5
6	对于写作业这件事，我感觉父母是理解我的。	1	2	3	4	5
7	父母在制定关于作业的规则时，会和我讨论。	1	2	3	4	5
8	父母会激发我写作业的兴趣。	1	2	3	4	5

如果平均分在 3 分以上，说明孩子感觉家长的自主性支持水平较高；如果平均分在 3 分以下，则家长对孩子的自主性支持水平相对较低。

以上评价表仅供参考。假如你对评价结果不满意，可以和孩子讨论一下，你怎样做才能让孩子打出更高的分数？

本章小结

1. 让孩子在作业的内容和做作业的方式上有选择权，可以促进孩子在作业上的自主性。

2. 家长需要随着孩子年龄的增大给他更大的自主权，让他更多掌控自己的作业过程。

3. 家长的控制性过强以及侵入式教养的方式，会破坏孩子的自主性，不利于孩子完成作业以及更好地成长。

4. 学习风格有很多维度和分类，每个孩子都有不同的学习风格，个体之间差异巨大。

5. 家长可以通过鼓励选择，帮助孩子找到最适合自己的学习风格和作业方法。

建立关联：
让作业有意思、有意义

你看见每一则洗衣粉的广告，都是那种孩子出去玩："妈妈，我出去玩了！"然后一回来，倍儿脏。妈妈拿出一袋洗衣粉说："没有关系，让我们用这个来洗，你就干净了。"当时我就想："谁要那个洗衣粉，我要这个妈！"

——大张伟

作业实景

画你自己想画的

我女儿叫乐乐。我和先生工作都忙，家里也没有老人和保姆帮忙，这使得我们必须关注育儿的"性价比"。比如某个课外班特别远，再好我也不会给她报。一项作业要写到十点多、十一点才可能有助于提1分，那不写也罢。偶尔翻翻她的作业本，该写的都写了，错的不多，该改的都改了，就行了。

乐乐的一大兴趣爱好是美术，目前正在冲刺中考的她，目标是一所知名美术院校的附中，除了像其他同学一样做语数英作业，美术作业对她来说特别重要。

说来好笑，她小的时候，我给她报过一所很好的美术培训机构，十年过去了，我们买的课还没有上完。我是随缘心态，太忙或没有时间就不去。但是我给她买了大量的各式各样的手工材料、绘画用具。她能很安静地坐在家里画、剪、贴，不用我们管，因此她的手部肌肉从小就锻炼得很好，上小学后，写字不费劲，玩儿起美术来更是如鱼得水。

随着年级的升高，学习越来越忙了，很多孩子逐渐放弃了曾经的艺术爱好，但是乐乐的美术学习没有荒废，反而逐渐成为她的专业志向，当中有一个重要原因就是她画自己想画的，不考级，也不做美术老师布置的作业。她做的是"自主作业"，自己给自己留作业。这些作业不是由"感"而发，就是由"爱"而发。比如我们家养猫，她画了一系列以世界名画为灵感源泉的猫的形象，很有意思；学完《木兰辞》，她花了一幅"木兰替父从军"送给她爸爸当生日礼物；她是班长，每到过年过节，都会使出自己的书法本领，给班集体写福字、写春联，也会把书法作业送给老师和同学做礼物——这些都没有人要求她，都是她自愿做的。

一、和作业建立关联，孩子才愿意主动去做

1. 什么是建立关联

建立关联指的是要建立学习任务与孩子的关系，让孩子感觉作业是有意思、有意义的，这是自主性支持的一个重要方面。

举个例子，我们在看体育比赛的时候，如果某个项目中有中国选手参加，尤其是中国选手有夺取奖牌的实力时，我们更可能感兴趣，观看时也会更专注，因为这件事与我们相关。如果比赛时没有中国选手，但我们自己对这个项目特别感兴趣，或者里面有我们特别喜欢的体育明星，那么我们也会更关注比赛。如果这项比赛从任何一个角度都和我们没有关系，那么我们多半不会关注。

所以，和我们有关联的东西，我们更容易感兴趣。在学习和作业上也如此，我们需要让作业任务和孩子已知的、感兴趣的、现实的生活建立关联，接上地气，孩子才会愿意主动去做。

2. 激发学习兴趣，让作业有意思

建立关联可以培养孩子对学习的**兴趣**，让孩子觉得学习是有意思的。

我们在第五章中谈过动机，兴趣能很好地激发孩子对学习、对作业的内在动机。一个孩子不见得会对学习中的所有内容都感兴趣，但是只要有那么一个点是与他有关联的，让他觉得有意思、好玩，孩子就可能会建立对学习的兴趣。

3. 和目标建立关联，让作业有意义

建立关联还包括为孩子提供完成任务的**意义**。

意义来自一个人相对长远的目标和规划。比如在古代科举时代，"朝为田舍郎，暮登天子堂""书中自有黄金屋，书中自有颜如玉"，就是把当前的读书和以后个人的成功和幸福联系起来，这些属于利己的目标。还有人可以把学习和社会的、文化的、利他的等更大的目标相联系，比如"为天地立心，为生民立命，为往圣继绝学，为万世开太平"，以及"为中华之崛起而读书"。

孩子一开始确立不了那么长远、宏大的目标，那可以有一些近期的小目标，至少要让孩子知道做作业的价值是什么。比说有的作业任务是重复性的、巩固性的，确实不是那么有趣，孩子会说"我不喜欢做这项作业，我已经会做了为什么还要做？"家长就需要在接纳孩子的情绪之后，给孩子解释为什么要这样做，反复强化有助于巩固加强所学的知识，提升熟练度，可以学得更扎实，这样在压力之下会做得更快，更不容易出错。

这就像我们成年人在工作中有感兴趣的部分，但也有不感兴趣的部分。

可能这个任务虽然我们不感兴趣，但有助于我们完成绩效，完成绩效后的认可和奖励对我们是有意义的；或者这个工作虽然枯燥，但是可以帮助到别人，而助人对我们是有意义的，这样我们也会愿意去做。如果一件事对我们没有任何意义，成人也会"摸鱼"。

所以，当孩子必须完成不感兴趣的任务时，我们总要给孩子一些理由。这些理由未必需要多么高大上，但需要是他可以理解、体会到的，同时他也需要家长的理解和耐心。无论如何，总比对孩子说"你少废话，让你做就做"要好。后面那种方式只是单纯地命令孩子，没有提供任何关于作业的意义、价值、趣味性的信息。从孩子的角度来说，他不知道为什么要做这件事，当然会不愿意了。

二、找准关键点，打通学与玩

1. 相信孩子会对学习有兴趣，不打击

如何帮助孩子对学习、作业产生兴趣呢？家长首先需要相信孩子会喜欢学习。

有的家长打心眼里认为学习就是苦差事，孩子不可能会喜欢，所以就逼着孩子学。于是家长"得偿所愿"，孩子果然不喜欢学习，家长也一直扮演孩子学习、作业上的"监工"角色。

有时家长因为不相信孩子会喜欢学习，还会打击孩子对学习的兴趣。有一个学生这样讲：

我的成绩一直不错。记得小学五年级时，有一次我在家读课外书，正读得津津有味，我爸突然问我："你真的喜欢读书、喜欢学习吗？"我说我真的喜欢啊！我爸不相信，说："你就是喜欢成绩好被老师表扬吧！怎么会有人喜

欢学习呢？"他说得我可生气了，我当然也喜欢老师表扬我，可我主要还是喜欢学习，可他怎么就不相信我呢？

孩子本能地具有好奇心、求知欲。回想一下，很多孩子都会有一个"十万个为什么"的阶段，这时如果家长鼓励孩子提问，给予恰当的回应，就可以促进孩子的探究精神。

在"十万个为什么"的阶段，家长常常会有两个误区：一个是不耐烦，打击了孩子的求知欲，孩子后来就不问了；另一个就是在特定问题上讳莫如深，这些问题往往与性或死亡有关，我们不知如何回答，就把这类问题设为"禁区"。

瑞士著名心理学家爱丽丝·米勒这样描述了设立"禁区"的危害：

"先切断孩子活力的根源，然后再试着以人工的方式去代替自然的功能，这是我们理所当然的教育方式。例如，我们会压制孩子的好奇心（"有些问题不该问"），等到孩子以后缺乏自发的学习动力，我们又给他报辅导班来解决学习上的困难。"

对于这些传统上认为"不该问"的问题，家长最适宜的反应就是像回答其他问题一样（如"为什么天上会下雨？"），从科学的角度坦然回答（至少装得坦然）。对于确实不知道答案的问题，我们可以和孩子一起查找资料，一起探索。

兴趣在很多时候并不是家长"培养"出来的，而是孩子本来就有的，家长因势利导就好。如果我们在孩子好奇心旺盛的时候顺水推舟，孩子就会一直有这种自然的活力和探究欲，不需要后来再"以人工的方式去代替自然的功能"。

在本章开篇乐乐的例子中，妈妈能够捕捉到她在美术方面的兴趣和特长，给她提供了学习的条件，大力鼓励她发展自己的兴趣爱好。由于家长的支持，乐乐不仅找到了适合自己的专业方向，而且一直保有对绘画的热情。

2. 打破学与玩的边界

孩子自然的活力和探究欲在哪里呢？答案很简单，就在"玩儿"里。一些家长会把学和玩分得很开，认为只有和学业、作业直接相关的事情才是"正经事"，其他的都是"不务正业"或"玩物丧志"。当我们采用这种思维定式时，就会错失很多可以激发孩子学习兴趣的机会。

著名心理治疗专家曾奇峰老师说：

"普遍的例子是父母对孩子学习的过度干预，导致了孩子学习欲望的死亡……广义地说，一切皆游戏，学习和工作都是游戏。严格区分游戏和学习的界限，既破坏了游戏的快乐，也削弱了学习的动机。那些把学习当成游戏的孩子，学习的动力永远不会衰竭。"

在乐乐的例子中，妈妈并没有在学和玩中设立明确的边界，心态轻松，不教条，不呆板，没有给孩子非要怎样的压力，带着几分陪孩子玩儿的心态。有的家庭，一旦决定让孩子去学某种才艺、特长后，会把这件本来好玩的事情搞得过分严肃，施加很大压力，结果家长越使劲，越当回事，孩子越有可能半途而废。而乐乐从小一直在美术、手工的环境中边玩边学，"手部肌肉从小就锻炼得很好，上小学后，写字不费劲"，既提升了美术的水平，也促进了学习。孩子可以安安静静地做手工，也培养了对于学习来说很重要的专注力，这些都是"玩儿"的副产品。

那么家长该如何陪孩子玩儿呢？

一种就是**不带目的地陪玩儿**，为玩儿本身而玩儿。家长玩儿得不精没有关系，能玩儿就好，家长和孩子都不是一定要玩儿出什么名堂。孩子在玩儿的事情上兴趣容易转移也没关系，儿童期本来就需要尝试和体验不同的东西。

在一档综艺节目中，艺人大张伟说："你看见每一则洗衣粉的广告，都是那种孩子出去玩：'妈妈，我出去玩了！'然后一回来，倍儿脏。妈妈拿出一袋洗衣粉，说：'没有关系，让我们用这个来洗，你就干净了。'当时我就想：'谁要那个洗衣粉，我要这个妈！'"

孩子自发地游戏是最能体现孩子自主性的活动，孩子能够全情投入地玩儿，就是在全情投入地体验这个世界，这种投入需要得到家长的支持和保护，而不是过多的干涉、限制。

陪孩子玩儿有三个好处：第一是增进亲子关系，增加对孩子的情感滋养；第二是可以进一步开发孩子的想象力和创造力，这在当下也许没有立竿见影的好处，但有利于孩子的长期发展；第三，玩儿这件事家长做起来不像辅导作业那么吃力，也可以减少家长的焦虑和负担，家长不焦虑，孩子的心态也会更好。

另一种就是**有目的地玩儿**，将玩儿的内容与孩子的学习联系起来。比如在从幼儿园到小学过渡的阶段，一些和语文、数学有关的游戏和玩具，就是让孩子在玩儿中学习一些基本的文字概念、数学概念。在小学阶段，学习总体来说难度都不大，孩子如果在学习和作业上有困难，主要是丰沛的想象力和形象思维能力还没有与书本知识联系起来。要激发孩子对学习的兴趣，就需要在孩子的生活体验和书本知识之间架设桥梁，而不是把现成的书本知识单向灌输给他。对于还没有把文字、数字、符号和现实生活建立联系的孩子，建立关联是重要的一步。

关于如何建立关联、架设桥梁，电影《海蒂与爷爷》中有一个例子：

在美丽的阿尔卑斯山区，和爷爷一起生活的牧羊女孩海蒂像精灵一样自由，可是她却被贪财的坏亲戚骗到了城市里，做了富家女孩的陪读。尽管有家庭教师教授德语的拼读，海蒂却死活学不会读书。在她心目中，这些城里人干的事情和她毫无关系。直到富家女孩的奶奶来了之后，拿了一本和牧羊有关的绘本和海蒂一起读，读到一半，正在兴头上，奶奶不读了，让海蒂自己读。已经学过基本拼读的海蒂调动起所有的能力，把这个她感兴趣的故事读了下来。之后，她就像打通了任督二脉一样，开始徜徉在书籍的海洋中，发现了阅读的乐趣。

奶奶打破了海蒂在山区牧羊的感性经验与书本知识之间的隔膜，建立了起了书本知识和生活经验之间的关联。

无论是陪孩子无目的地玩儿也好，有意识地培养孩子的学习兴趣也好，都需要保持松弛的心态，避免给孩子有意无意地施加压力。前面的乐乐妈妈就做得很好，无论在读书还是美术上，她主要做的就是给孩子提供条件，适时引导，同时也顺其自然。

有的家长就有些刻意了，比如下面这位家长的困惑：

我从小就喜欢读书，小学三、四年级就读了《红楼梦》。现在我做文字方面的工作。也希望我的两个孩子能爱读书，我给他们买了我觉得适合他们的书，但是很奇怪，他们都不太爱读，而是喜欢漫画，我给他们买的书常常在书架上吃灰。

这位家长有可能对孩子的阅读有过高的期待，比如把自己小学三、四年级时就可以读《红楼梦》当成理所应当，给孩子买的书超过了他们的理解能力，或者内容不是他们感兴趣的。其实看漫画也是一种阅读，爱看漫画说明漫画更符合孩子在现阶段的水平和需求，家长可以顺势而为，先和孩子一起看漫画、讨论漫画。

3. 顺水推舟，利用已有兴趣建立关联

当我们在"建立关联"时，就是在孩子以往的经验基础上增加新的体验，让孩子把新的知识内容和以往的知识、兴趣、特长相联系。比如下面的这位家长兼老师，无论是对自己的孩子还是对学生，都很知道怎么因材施教：

我妈是一位地理老师，假期我们一家出游，她常常会给我讲一些地理知识，比如去桂林玩儿，她就给我讲"喀斯特地貌"。还有一次在一片杉树林，她让我站在一棵非常高大的杉树旁边拍照。她说，这个照片不仅是我的旅游纪念，也会用于她的课堂，我站在那里是做参照，让学生直观地感受这杉树有多大。

我很好奇我妈是怎么当老师的，她和我讲，她带文科班的时候就会用贴近文科生的方式来讲地理，比如她会从林徽因的"人间四月天"说起，讲中国南方春季的气候特点，还会用"曼彻斯特的海边"来讲海洋性气候的特点等，学生都非常喜欢。

学文科的学生已有的经验在文学艺术方面，这位老师就是通过把地理知识和文艺方面的内容相联系，激发学生的学习兴趣。

从已有的兴趣出发，也可以帮助孩子找到学习的意义。比如有家长这样分享：

我老公是个篮球爱好者，他当年喜欢看《灌篮高手》，现在还经常在周末和朋友们一起打球。有他言传身教，我儿子也从小就迷篮球。现在上高中了，学业更重了，放学后经常要打够了篮球才回家，到家就累了，写作业常常犯困，很多次都是写不完就草草收尾。

我和他谈心，他说自己也苦恼，希望学习成绩能再好点，可又舍不得少打球。他还说想到以后就很迷茫，知道自己当不了篮球运动员，又不知道将

来能做什么。

　　我鼓励他去找学校的心理老师聊聊，回来后他挺高兴的，说老师告诉他爱打篮球是好事，还和他讨论将来学哪些专业可以做和篮球相关的工作，比如学医可以做运动医学，学新闻可以做体育记者，学管理可以做体育管理……他回家后继续上网查了相关专业和学校的情况，心里有了目标和方向。那之后他放了学还是会打球，但不那么频繁了，时间也缩短了，晚上写作业时更有精力，作业质量也改善了。

　　对于这个爱打篮球的孩子来说，心理老师帮他做的就是在学习、兴趣以及未来的目标之间建立了关联，让他觉得学习是有意义的，这样他就会对学习更有动力，也会主动调整自己打球的爱好与写作业之间的矛盾。这里也需要指出，这些目标、意义是需要孩子自己来定义、选择的，是基于孩子的个人经验和体验，而不是由家长替孩子做决定的。正是因为目标、意义是他自己的选择，才会有真正的驱动力。

　　在乐乐的例子里，妈妈允许孩子不做老师留的绘画作业，做自己的作业，而孩子自己留的作业，或者是和个人的兴趣爱好有关（如养猫），或者和身边的现实生活有关（如给父亲画"木兰替父从军"作为生日礼物），或者和有意义的成就感、荣誉感有关（为班集体做贡献），这些都是孩子在学习绘画的过程中，将作业和自己生活中有意思、有意义的事情建立关联。

　　孩子的兴趣爱好背后，往往都有相应的文化背景。比如漫画的背后有动漫、二次元文化，篮球的背后有体育文化，等等。我们可以用更宽泛的眼光来看待文化，不是只有经典文化和传统文化才是文化，流行文化、青少年亚文化也是文化，是"生猛"的、现在进行时的文化。我们没有必要厚此薄彼，毕竟传统文化中也有糟粕，流行文化、青少年亚文化中也有精华。在发展中，后者的精华会不断地并入社会的主流文化。比如街舞已正式成为舞蹈门类中的一支，电子竞技成了国家认可的体育项目，动漫、二次元文化也越来越进入社会主流的视野。这就如同三十多年前，读武侠小说还会被老师当作"不务正业"，而现在，金庸先生这样的大家所写的武侠小说已成为经典。在国产动画电影《哪吒之魔童降世》中有这样一句台词："人心中的成见是一座大山。"对于那些属于流行文化、青少年亚文化范畴的兴趣爱好，家长需要避免先入为主的成见，尽量去理解，和孩子之间形成平等沟通、讨论的空间。我们允许自己被孩子影响，也才有可能对孩子有所影响。比如下面这位妈妈：

我女儿从小就喜欢漫画，不仅喜欢看，还会花自己的零花钱买周边。我觉得孩子就是孩子，有点兴趣爱好挺正常的，我不会干涉。她一段时间内喜欢什么漫画就会和我讲，她讲我就听着，有时一边忙手头的事一边嗯嗯啊啊地应付一下，偶尔记住一点回应一下，她都很高兴。近几年她比较喜欢推理、探案主题的漫画，继而又喜欢上了推理小说，我家东野圭吾的小说就挺全的，我有时也会翻翻看看。上初中以后，她喜欢上了一套数学主题的漫画，开始觉得数学像探案一样有意思。那套漫画据说后面会越来越深，她说她会一直读下去，还和我说要"死磕数学"。我真没想看漫画还能促进学习，但是她能这样，我还是很为她高兴的。

三、开展家庭文化活动：汝果欲学诗，工夫在诗外

我们在第二章中提到过，大量研究表明，家长的作业参与对于孩子的学业成绩并不是一个很有效的促进因素，具体效果好坏取决于家长参与的"质量"。那么家长什么参与方式是更有效的呢？有的研究发现"帮助孩子养成阅读习惯"是一种有效的方式，还有研究发现，"**家庭文化活动**"对孩子的学习

有显著的促进作用。这样的家庭中会有书籍和其他教育材料，家长会带孩子参与文化教育方面的活动，比如带孩子参观博物馆等，家长也会用积极的方式和孩子沟通关于学习和文化方面的事情。我国近年来在家庭教育领域提倡的"书香家庭"和这些研究结果非常一致。

家庭文化活动兼具"学"和"玩"的双重特性，它不是功利地为了提升孩子成绩去做什么，而是在日常生活中给孩子营造一个良好的、有文化气息的家庭氛围。这样在潜移默化中，孩子就会对生活、对知识、对学习、对文化有热情，有求知欲。在这样的文化氛围中，孩子就能健康成长，而学习成绩好就是这种健康成长的一个自然而然的结果，比如下面这位妈妈所说的：

我常常半开玩笑地对我家俩娃说："我要做个有文化的妈妈。"我小时候的生活没那么富足，没有上过课外班，也没什么特长。现在作为家长，我会有意识地安排一些文娱活动，比如逛书店、看电影、看演出、去科技馆、去博物馆、听音乐会，等等。我知道可能有人说我这样是在"附庸风雅"。可我觉得，风雅就是"附庸"出来的。说老实话，很多东西一开始也确实就是看个热闹。可热闹看多了，我也慢慢能看出一些门道。而且孩子的感受力比大人强，我常常会惊讶于娃们的感悟。如今我家俩娃对学习挺主动的，审美也在线。至于作业、学习、考试这些事，我真没操过什么心。

一些学校也在通过家校共育的活动，帮助家长营造良好的家庭文化氛围。比如有一位校长这样介绍她的学校推广亲子阅读的工作：

我们学校开展亲子阅读好多年了，形成了传统。我们会给各个年级的家长推荐适合的书目，比如和这个年龄孩子的家庭教育有关的图书，建议家长在群里拍照打卡。一开始，好多家长就是为了打卡拿起书，摆个 pose 拍照了事。逐渐的，不少家长真的读了进去，并且学以致用，逐渐改变了自己的家庭教育方式。我印象最深的是一个"麻辣烫爸爸"，这位爸爸在经营麻辣烫小店的同时坚持读书，被评为学校的优秀家长之一。他的孩子不仅喜欢阅读，成绩非常好，品行也很优秀。

有些家长对学业有一种很狭隘的看法，不许孩子有课余的文化活动，而要求孩子所有时间都来做"有用"的事情。比如有一位妈妈这样说：

我是做服务业的，工作特别忙，每天早出晚归，没多少时间能照顾儿子。可我知道，孩子只有成绩好将来才有出路。所以只要我在家，我就盯着孩子的作业，不许他看那些乱七八糟的课外书和杂志，让他的全部时间精力都来学习。

这位妈妈的心情可以理解，她也确实非常辛苦和不容易，但她的这种做法还是令人遗憾。

在开展家庭文化活动时，家长切忌抱着太功利的目的，希望一次活动就能达到什么效果，而是应以平常心态，将文化活动作为家庭生活的一部分，"润物细无声"。比如一位妈妈就有这样的反思和观察：

我有时候带孩子去看个电影、演出或者展览之后，会和她聊一聊。有时候我们可以有来有回地讨论，但有时，当我太刻意地去问孩子到底学了什么时，就会被反击。女儿会说："你不要这么问我，你这样不就成了学校带我们去春游回家还要写篇作文了吗？多没意思！"

还有一次，我们一起去看芭蕾舞剧《胡桃夹子》。这个剧很活泼，现场有很多家长带着孩子观看。结束后女儿笑着和我说："我听到后面一个妈妈对孩子说，'你看人家的脚绷得多直！'"我猜那个孩子在学跳舞，妈妈很想提升孩子的舞蹈水平，不过看这么精彩的演出，家长提示孩子的关注点就是演员的脚绷得直不直，好像有点太局限了。

宋朝诗人陆游在给儿子传授写诗经验时写道：**汝果欲学诗，工夫在诗外**。对孩子的学习来说也是如此。家长总是盯着孩子的作业和学业，用单一的、直线的思维方式来和这个问题较劲，效果不一定好。我们要在家庭中给予孩子爱的滋养、自主的空间、丰富的文化生活，这些作业之外的功夫更重要。

✅ 作业支持工具

多元智能活动清单

孩子的兴趣爱好往往和自己的智能优势有关。哈佛大学的心理学家霍华德·加德纳提出了著名的多元智能理论，他认为："人类的智能是多元化而非单一的，主要是由语言智能、逻辑 - 数学智能、空间智能、身体动觉智能、音乐智能、人际智能、自我认知智能、自然认知智能八项组成，每个人都拥有不同的智能优势组合。"在培养孩子的学习兴趣时，家长可以多开展孩子喜欢的学习和娱乐活动。

多元智能活动清单

	智能	解释	相关活动
1	语言智能	有效运用语言文字表达自己、理解他人的能力	朗读、背诵、写作、做手账、出手抄报、玩文字游戏、开展小组讨论、听故事、讲故事、表演、辩论
2	逻辑 - 数学智能	进行逻辑思考和数学运算的能力	计算、算账、玩逻辑游戏、打牌、下棋、玩数独游戏、玩推理游戏、破译密码、测量、分类、论证、编程、辩论……
3	空间智能	对空间、形象进行感知和表达的能力	画画、拼图、做手工、做模型、玩魔方、摄影、摄像、做几何运算、做设计、绘图、使用图表、画思维导图、欣赏艺术品……

（续）

	智能	解释	相关活动
4	身体动觉智能	运用整个身体以及灵活运用双手的能力	做手工、表演、进行各种体育运动、舞蹈、做操、编织、缝纫、雕刻、十字绣、通过抚触感知物体……
5	音乐智能	敏锐地感知音乐以及用音乐进行思考和表达的能力	唱歌、欣赏音乐、演奏乐器、玩打击乐、创作音乐作品、学习时使用背景音乐……
6	人际智能	了解自己、理解他人，与人交往的能力	人际交往、小组合作学习、同伴学习、讨价还价、解决人际矛盾和冲突、参与线上社区、做小组领导者、做志愿者……
7	自我认知智能	善于内省、了解自己、独立思考的能力	单人游戏、独自学习、写日记、画自画像、阅读他人自传、反思个人体验……
8	自然认知智能	对自然界事物进行观察、辨别和探索的能力	观察自然、观察星空、收集动植物或矿物标本、去动物园、养宠物、养鱼、种花、种菜、阅读科普文章、户外旅行……

本章小结

1. 将作业内容和孩子已有的经验、兴趣、特长、目标建立关联，可以让孩子感觉作业有意思、有意义。

2. 学和玩儿没有明确界限，家长可以通过陪孩子玩儿来培养孩子的学习兴趣。

3. 家长可以从孩子的兴趣出发，帮助孩子找到学习的目标和意义。

4. 家庭文化活动可以促进孩子的好奇心、求知欲，培养孩子的学习兴趣。

PART

其实孩子可以自己做作业：
自主高效做作业的心理法则

第五部分
不同阶段孩子的
作业支持方案

建立习惯：
"懵懂期"孩子的作业支持方案

You only get one chance to make a first impression.

（你给人留下第一印象的机会只有一次。）

——英语习语

一、"懵懂期"孩子的典型画像

在作业方面处于"懵懂期"的主要是小学低年级的孩子。对于他们来说，从幼儿园到小学是一个从没有作业到有作业的过渡过程，也是一个从以玩为主到要承担学习责任的过渡过程。

处在"懵懂期"的孩子，还不完全明白上学、作业对自己意味着什么。从责任感的角度来说，他们还没有形成"作业是我的责任"的观念。在成人的眼中，他们或者显得有些"迷糊"，或者态度不够端正，或者显得不够靠谱。他们有时记得要做什么，有时又会忘记，需要家长的提醒、督促，或者帮他们"兜底"。

这个适应过程对于不同的孩子而言可长可短。有些准备充分、适应性强，或者心智成熟较早的孩子，可以在很短的时间完成这个过渡过程，迅速适应作为一个小学生的身份,可以一直较好地完成自己的学习、作业任务;而有些准备不充分、适应性相对较差,或者心智发展相对慢一些的孩子,则需要更多的时间才能适应。

有时,由于家长对孩子的过度保护和包办代替,会人为延长孩子的"懵懂期"。当多数孩子已经适应小学的学习生活时,他们依然难以适应,行为方式也显得比同龄人幼稚。

"懵懂期"孩子发展中的正常表现

- 作业态度和情绪:他们可能对作业有好奇和兴趣,但也可能因为不理解为什么要做作业而又不得不表现出抗拒,或者因为有不会做的部分又缺乏帮助感到困难和挫败。

- 作业动机和责任感:孩子可能会因为对作业有兴趣而做作业,但也可能仅仅出于老师和家长的要求而做,对"作业是我的事"的责任感还在形成之中。

- 作业习惯:作业习惯在养成过程中,需要家长适当的提醒和帮助。

- 作业能力:孩子可能需要家长的帮助来理解作业要求。

- 对作业量的感知:孩子对作业量没有明确的概念。

- 作业中的注意力:他们的注意力集中时间相对较短,容易受到外界环境和各种诱因的干扰,需要良好的环境和家长的帮助来保持专注。

- 学习风格:孩子开始展现不同的学习风格,如视觉型、听觉型和动觉型,家长可以根据这些特点调整辅导方法。

- 作业完成情况:作业完成情况可能不稳定。

二、家长作业支持目标：奠定基础，建立良好作业习惯

1. 建立积极的第一印象

在这个阶段，家长的首要目标是让孩子对做作业这件事有积极的、良好的印象。要达到这个目标，就需要给予足够的"基础性支持"，尤其是充足的情感支持，让孩子感受到积极的作业情绪，觉得做作业是一件有趣的、有成就感的事，最起码不是一件令人讨厌的事。

在心理学中有一个"首因效应"，就是人对一件事的开始部分记忆较为深刻。我们在生活中，也都力求给他人留下良好的第一印象。对于学校和学习也是如此，一个孩子在学龄之初的经历会对以后有长期的影响。如果在上学伊始的感受主要是积极的、正面的，就可以为以后的学习奠定良好的基础。

无论适应是快是慢，"懵懂期"是长是短，家长在对孩子的作业给予帮助时，应尽量保持积极的心态和情绪。小学低年级的学习内容不多、难度不大，即使适应慢一些，以后完全可以追回来。如果孩子对学习和作业留下负面的"第一印象"，那么以后要弥补、改善就需要花费很大的力气。

2. 养成良好的作业习惯

在这个阶段，家长的第二个目标就是帮助孩子形成良好的作业习惯。孩子上学后，不仅自己要适应，整个家庭也需要适应新的节奏。在这个过程中，我们需要帮助孩子形成和家庭生活方式相匹配的作业习惯，无论是从时间、地点、方式，还是和家长的互动，都需要建立一定的常规。在这个过程中，也就是在培养孩子的自我调节能力。

我们在第二章中说过，孩子在作业中的自我管理能力属于"自我调节"能力的一种。研究发现，孩子最早在三岁左右就具备了一定的自我调节能力。到了四、五岁时，就可以在游戏环境中学会一些自我调节的技巧，比如遵守

规则、控制注意力、监控自己的行为、调节自己的情绪、采用适合特定任务的策略等。这个阶段也是孩子自我调节能力发展的第一个关键期。家长在这个时候给孩子提供"脚手架"（结构性支持），就是帮孩子做他做不到的部分，但他能做的部分尽量让他自己完成，就可以促进孩子的自我调节能力发展。

　　一个习惯从无到有不是一件容易的事，所谓"万事开头难"。和作业相关的习惯有很多，常见的比如"记下老师留的作业""把做作业需要的书本、练习册带回家""留出做作业的时间""按照记录一项一项地完成""告诉家长自己在哪些方面需要帮助""检查是否完成了所有作业""记得把作业收到书包里""到校后上交作业""订正做错的作业题目"等，每个家庭中还会有一些特定的作业常规，需要孩子形成习惯。在懵懂期，家长需要在孩子有困难的方面给予帮助，让他逐渐养成这些习惯。

三、"懵懂期"的作业支持细则

家长作业支持细则表

	家长支持方式
日常	提醒开始： 放学后在相对固定的时间提醒孩子开始做作业。
	准备学习用品和资源： 确保孩子有适合的学习用品，如文具，以及必要的学习资源，如课本、辅助材料等。
	提供必要的技术支持： 在孩子需要时提供手机、电脑、网络等方面的技术支持，教给孩子适当的使用方式。
	强化作业常规： 给孩子简单、易操作的作业规范，如需在特定时间地点做这件"例行公事"，对孩子符合常规的行为给予鼓励和认可。

（续）

	家长支持方式
日常	**进行过程管理：** 在孩子作业过程中提供必要的陪伴和监督，确保他们在一段时间内可以专注于任务，也可以分阶段在特定时间点进行提醒。
	给予必要辅助： 根据作业要求提供必要的辅助，如帮助听写、检查背诵、练习口算等。
	给予必要辅导： 在孩子有不会的问题时给予辅导，辅导时考虑孩子的发展阶段特点，尽量用具体形象的方式给孩子进行讲解，适当利用辅助用具，并结合孩子的生活经验，不嘲笑孩子基于具体形象思维犯的错误。
	鼓励学习自主性： 鼓励孩子自己寻找答案，而不是直接给出答案；允许孩子对作业过程做出适合自己学习风格的选择。
	调整好自己的情绪： 不对孩子发展中的问题做扩大化、灾难化的解释；把让孩子对作业有积极的情绪和态度放在培养具体技能之前，不因为要纠正孩子的行为而破坏亲子关系或引发孩子负面情绪。
	辅助记忆和管理： 教孩子使用作业记录本，在完成后对照记录进行检查和打钩，对孩子能够完成作业给予鼓励；如孩子没有使用记录本，和孩子讨论用什么方式他会更愿意使用（如换成孩子喜欢的封面的本子，使用自己的记录图标等）。
	检查作业： 帮助孩子检查作业，确保他们理解并按要求完成了任务，发现问题提醒孩子改进或和孩子一起改进。
	积极反馈和鼓励： 对孩子的努力和进步给予积极反馈，让孩子知道自己做对了什么；鼓励孩子继续努力，增强对作业的自我效能感，即"在这件事上我能行"。
	安排游戏和文化活动时间： 在作业时间之外让孩子有游戏玩耍的时间；给孩子提供符合其兴趣和年龄特点的家庭文化娱乐资源，如绘本、有声书、动画片等，可以与孩子一起进行相应活动并进行互动、讨论。

（续）

	家长支持方式
周期性节点（如每周或每两周的周末）	**与孩子进行积极沟通：** 　鼓励孩子分享近期对于学校、学习、作业的感受，对他们的负面情绪予以接纳，对孩子的努力和进步给予赞赏和积极反馈。
	回顾本周期作业和学习情况： 　在周末可以与孩子回顾过去一个周期的作业和学习情况；确保孩子完成了本周期所有的作业；可预览下个周期将要学习的内容。
	鼓励和奖励： 　鼓励孩子的努力和已达成的目标；对于希望孩子养成的作业习惯，找理由发现孩子做得好的部分并进行适当奖励和强化，如额外的游戏时间或小礼物。
	安排家庭文化活动： 　在周末安排一些易于开展的家庭文化活动，如开展亲子阅读、棋牌游戏、益智游戏、观看孩子感兴趣的动画片、影视作品，逛书店或去儿童图书馆借阅等。
阶段性节点（如每月、每半学期、每学期、每学年末）	**阶段性学习回顾：** 　和孩子一起对过去一个阶段的学习和作业情况进行回顾并进行小结，以鼓励和强化优势为主，对需要提高、改进的部分提出期待。
	与老师进行沟通： 　了解孩子本阶段在校表现，明确孩子的优势与擅长的部分，以及孩子在哪些领域存在困难。
	评估学习和作业情况： 　根据孩子的反馈和与老师的沟通，评估孩子在过去一个阶段的情况，明确家长需要参与和支持的部分。
	家长自身的合理期待： 　对下一阶段情况进行合理期待；不因孩子在该年龄的正常表现而用问题取向的方式看待孩子；如确有需要解决的问题，需要意识到问题的解决和培养新的习惯需要一个过程，并对解决方式、过程有合理规划。
	优化学习环境： 　对孩子的学习环境进行整理和检查，清理无用、过期物品，添置必要学习用品、书籍、资源，确保环境利于孩子学习。

（续）

	家长支持方式
阶段性节点（如每月、每半学期、每学期、每学年末）	安排一次大型的家庭文化活动： 每阶段至少安排一次需要提前安排的大型家庭文化活动，如参观动物园、植物园、博物馆、艺术馆、科技馆、文化教育基地、历史文化景点，看演出，参加民俗活动，参与儿童艺术活动等。

每日作业状态记录表

当家长感觉孩子的作业状态及自己参与孩子作业的状态需要调整和改进时，可以先利用下面的"每日作业状态记录表"进行记录，作为制定改进方案的参考。当情况改善、达到相对平稳的状态后，可不再记录。

每日作业状态记录表

日期	时间	地点/环境	孩子		家长	
			状态	评分	状态	评分

（续）

日期	时间	地点 / 环境	孩子		家长	
			状态	评分	状态	评分

......

周期小结	平均分（家长评）			
	平均分（孩子评）			
	经验			

使用说明：

- 在本表中的“时间”一栏中记录孩子当天做作业的时间段，比如 17:30-18:40。
- “地点 / 环境”为孩子做作业的地点（如家中书桌前、麦当劳），以及环境情况（如安静、嘈杂），如果孩子做作业的地点 / 环境无变化则该项可以省略。
- “状态”包括言语、行动、情绪、想法等。孩子的状态由家长根据自己观察完成，家长的状态由家长根据自我观察完成。家长可以根据自己的实际情况决定记录的详略，时间紧张时只记录一两句话即可。
- “评分”为对孩子及家长自己状态的评分，计分范围 1~10，1 分为非常糟，10 分为非常好。家长可根据自己的感受对当天情况进行评分。对于可以理解评分意义的孩子，家长可以邀请孩子参与评分，分别记录自己的评分和孩子的评分。
- 家长可以利用这个表格记录一个时间周期（如 1 周或 2 周）孩子和自己在作业过程中的状态。
- 在一段时间后可进行小结，首先计算该阶段孩子和家长各自的平均分。依据此平均分，家长可以留意高出平均分的日子发生了什么，比如是在什么环境中孩子作业状态相对较好，孩子和自己各有哪些好的做法、经验可以进一步加强。

- 依据小结可以制定下一阶段的目标，建议在原有基础上稍有提高就好，比如孩子上一阶段的平均分是 5 分，家长是 6 分，建议下一阶段以各提高 0.5 分为目标。

本表格仅供参考，家长可根据自己的习惯、喜好调整，如用日记本或手机日程表进行记录。

情况改善后即可不再记录。

四、"懵懂期"家长作业支持典型问题答疑

问题 1：孩子在幼儿园大班，要上小学了，我想帮他做点准备，可又不想太"卷"，什么都提前学，那可以做些什么呢？

这个问题属于"幼小衔接"的范畴。幼小衔接不等于家长要帮孩子把一年级的知识提前学一遍，但也不是什么也不做。家长需要帮孩子在规范上、知识上、能力上做一些准备，但这种准备需要做得自然，方式方法要适合孩子的年龄和特点，不显得很刻意或让孩子有压力。

孩子在上学之初的"懵懂"，很大程度上是因为搞不清楚上学、上课、做作业、考试这些事到底是怎么回事。家长提前让孩子对学校的常规有所了解，就可以有助于孩子适应小学生活。

在知识和能力方面，家长在有良好的亲子关系的前提下对孩子进行一定的引导和培养，家长的心态是不焦虑的，孩子的感受也是愉快的、从容的，这样孩子天然的好奇心和对学习的内在热情就不会被破坏，而是可以得到保护。

上学后，家长也可以尽量用轻松的方式让孩子提前了解自己应该做什

么、怎么做。当有了这种准备状态后，真的去做就不会那么困难。如果孩子在毫无思想准备时突然要适应新的常规，做不好还要被批评，那么这些常规、规范、要求就带有了不愉快的意味，就会伤害孩子的学习热情和作业动机。

家长在"幼小衔接"阶段可以做的事

- 给孩子提供稳定的学习环境：设定固定的环境，如在家中一角让孩子有自己的桌椅、置物架，鼓励孩子在这里做需要专注的活动，如写写画画、做手工等，上学后孩子即可在这个地方做作业。

- 给孩子设定固定的文化活动时间：如在特定时间进行亲子阅读，过程中主要让孩子获得参与感和乐趣，不刻意强调孩子能认字。

- 培养孩子基本学习技能：通过游戏和日常活动，帮助孩子对汉字的音、形、义有基本的认识，尤其需要具备一定的语音意识，为学拼音做初步准备；通过数数等活动帮助孩子建立初步的数概念；通过唱字母歌、念英文童谣、听英语歌曲、看英文动画片等方式，让孩子对英语有熟悉感；通过画画、拼图、手工、生活自理等活动培养孩子的注意力、记忆力和精细动作能力。

- 建立日常生活自理能力：培养孩子在家长协助下初步整理自己的物品，如玩具、文具、书包、玩具架、行李箱等，为孩子在上学后做好学习和作业中的环境管理打基础。

- 培养孩子的情绪管理能力和语言表达能力：鼓励孩子表达自己的感受，并学会用语言向他人提要求和求助。

- 了解学校常规和作业常规：通过参观小学校园，让孩子对即将到来的学校生活有直观的认识；通过模拟游戏等方式，让孩子对学校常规有体验感和熟悉感；引导孩子参与简单的、游戏式的家庭学习活动，如简单的绘图、手工等，以适应将来的作业任务。

- 培养孩子对上学的积极预期：用积极的语言和态度和孩子谈论学校、学习和未来可能的作业任务，避免类似"你上学后就不能这么疯玩"的负面描述。
- 家长自身的准备：和孩子一起了解学校的环境、理念和要求；用积极、务实的心态面对孩子的入学；对可能遇到的困难有心理准备，并相信通过自身的努力、家校协作，以及孩子的成长，都可以解决。

问题 2：已经上学了，可孩子还是贪玩、不爱做作业，该怎么办？

游戏玩耍是儿童的天性，也是儿童的重要权利。孩子爱玩是自然的、正常的。在 1979 年开始起草、1989 年定稿并在联合国大会上一致通过的《儿童权利公约》中规定："缔约国确认儿童有权享有休息和闲暇，从事与儿童年龄相宜的游戏和娱乐活动，以及自由参加文化生活和艺术活动。"该公约在我国于 1992 年批准生效。

所以，无论从儿童心理发展的规律上，还是从法律意义上，孩子进行玩耍和游戏本身是没有任何问题的。在上学后，家长需要的是帮助孩子完成学业和作业任务，而不是排斥或否定他们对游戏玩耍的正常需要。家长理解接纳孩子基于天性的需求，孩子也会更容易理解接受家长的期待、要求和帮助。而且，学和玩在本质上本来就是相通的，都需要孩子的好奇心、想象力、探索欲、创造力的参与。

家长如果发现孩子不爱做作业，不仅需要看他们外在的行为，更需要了解内在的原因。比如，有的孩子不想学习、不愿意做作业是因为在学习中遇到了困难，如在拼音、识字或者算术方面存在着一些问题，有听不懂、跟不上的情况，他们对作业的抵触是他们需要帮助的信号。此时家长需要耐心地帮助孩子解决。在这个过程中，重要的是让孩子形成一种"只要我努力就可以学会"的信心。

也有的孩子不愿意做作业是因为在和学习相关的某些能力上存在短板，而家长不了解孩子的困难，高估孩子的能力，以至于觉得孩子不爱做作业都是因为"不配合""态度不好"。其实孩子是在做的过程中因能力不足，产生挫败感，所以更愿意去玩儿。如果家长可以帮助他们弥补能力的欠缺，他们就可以从作业和学习过程中感受到成就感和乐趣，进而更愿意去参与作业和各种学习活动。

家长将"玩"向"学"转化过程中可以做的事

- 理解孩子的兴趣：了解孩子为什么会喜欢玩耍，在游戏中体现出的兴趣、能力和优势，以及在游戏中获得的乐趣，这些有助于帮助家长用适当的方式激发孩子的学习兴趣，以及采用适当的激励方式。

- 设定明确的规则：与孩子一起制定可以平衡作业和玩耍的时间规则，确保作业可以完成，同时孩子对玩耍、游戏的需求也可以得到合理满足。

- 创造有趣的学习环境和氛围：尝试将孩子的兴趣和学习结合起来，促进孩子的内在学习动力；用游戏化的方式激发孩子学习，让学习过程更有趣。

- 确保孩子具有完成作业需要的知识和能力：帮助孩子弥补短板，促使他们可以在作业过程中有胜任感、成就感。

- 鼓励自主学习和探索：鼓励孩子在完成作业后探索和自己兴趣相关的学习内容并提供必要的帮助。

- 正面激励和反馈：关注孩子的"例外"和"向上的波动"，对孩子的努力和进步给予积极的反馈和赞赏，增强他们的自我效能感和成就感，激发内在动机。

- 与老师合作：与老师保持沟通，了解孩子的在校表现，共同制定促进孩子学习和作业动机的方案。

- 成为榜样：家长自身保持对学习和文化生活的热情和习惯，成为孩子的榜样。

第十三章

提升能力：
"上道期"孩子的作业支持方案

为学日益，为道日损，

损之又损，以至于无为。

——《道德经》

一、"上道期"孩子的典型画像

一般到了小学三、四年级，孩子就处在"上道期"了，在作业方面步入了正轨。孩子很清楚作业是自己的事，适应了每天回家要做作业的常规。当然也有很大的个体差异，有的孩子在小学入学不久就已经很上道了，也有的孩子到了三、四年级依然懵懵懂懂。

在"上道期"，家长和孩子之间会形成某种配合的模式，有的孩子需要家长的一些督促和提醒；有的孩子在特定的学科上需要家长的帮助；也有的孩子会形成先是磨蹭、边学边玩，然后等父母着急催促再加快速度的模式——虽然听上去不太好，但这也是一种模式，大家的行为都可以预测，像是有固定的剧本。

在这个阶段，孩子具有了一定的自主管理作业的能力，但还不是很完备。比如作业量一多就会有些搞不定，或者遇到困难问题时会打乱节奏。

"上道期"孩子发展中的正常表现

- 作业态度：孩子对作业的态度可能会因个人兴趣和对学科的喜好而异：他们对喜欢的、擅长的科目会更加投入，心态也会更为积极；对不喜欢或不擅长的科目可能会有消极的态度。

- 作业情绪：孩子会对能够顺利地完成作业有积极的情绪，感到有成就感；也可能会因作业量或作业难度产生负面的情绪反应，如感到沮丧或焦虑。

- 作业动机和责任感：孩子基本上知道作业是自己的事，会出于学校、老师和家长的要求做作业，在有的学科上会有内在的作业动机，会愿意更加自主地去做作业。

- 作业规范和习惯：具有了一定的作业习惯，能遵守一些作业规范，比如回家后会在固定时间开始做作业，自己确保作业完成，但有时还是会遗忘或者完成情况不稳定，需要家长帮助固化、优化已有的习惯；孩子正在学习如何更加有效地管理作业，包括安排时间、整理学习材料、解决困难问题等。

- 自我管理和监控能力：孩子开始发展自我管理和自我监控的能力。有的孩子开始能够相对独立地完成作业；有的孩子还需要家长在过程中的提醒、督促，以及在完成后进行检查。

- 对作业量的感知：孩子对作业量有了一定的感知，比如会说"今天作业很多"，或者"不太多"，但在具体所需的时间估计上还会有偏差。

- 作业中的注意力：他们的注意力集中时间开始有所延长，但依然较为有限。他们需要安排好适宜的作业节奏，学会在专注和休息之间进行转换，在这方面可能需要家长的协助。

- 求助行为：当遇到难题时，孩子会寻求家长、同学或网络资源的帮助，这是学习过程中正常的部分。

- 同伴影响：同伴之间的互动可能会影响孩子的作业态度和习惯，他们可能会在一起讨论作业或相互帮助。
- 创造性和独立思考：孩子开始尝试用符合自己特点、学习风格的方式来解决问题，表现出一定的创造性和独立思考能力。
- 作业完成情况：孩子会有不同程度的作业完成情况，有的孩子基本能够按时完成所有作业，有的孩子偶尔会有遗漏和推迟的情况。

二、家长作业支持目标：深化理解，拓展孩子的作业能力

1. 提升孩子的思维能力

到了小学三、四年级，学习内容的深度、广度都有增加，对孩子认知能力的要求也更高，尤其需要孩子具备更高水平的思维能力，这样才能更深入地理解所学的内容。与此相关的是，三、四年级是思维品质发展的一个关键期，也就是从具体形象思维向抽象逻辑思维转变。完成了这一转变的孩子，思维品质会有一个质的飞跃，他们更能抓住所学知识的核心，在作业中也会更加游刃有余。

这时候的家长，在作业中需要做的不仅仅是教会孩子如何做题，更重要的是让孩子学会解决问题的思路和方法，培养相应的思维能力。有些孩子思维品质转变稍慢，这时的"慢"是发展中暂时的现象，家长需要给孩子提供支持，帮助他们赶上同龄人，但不必觉得孩子就是能力不足或态度不好。

2. 提升孩子作业中的自我管理能力

如果说思维能力的提升可以帮助孩子更好地做出作业题，那么作业中的自我管理能力就可以帮助孩子更好地安排好自己作业的全过程。

有的家长有一种误区，觉得孩子还小，"管不好自己"，不信任孩子，或者被动地等待孩子变得"懂事"。这样的家长可能会单方面发布指令让孩子听从，或者对孩子的作业采用包办代替、大包大揽的方式，又或者在作业过程中采用"紧逼盯人"的监督方式，让孩子感到窒息。

很多研究都发现，自我调节能力可以通过教育干预提升。在"上道期"，家长需要强化孩子已有的作业规范，继续培养孩子在作业中的自我管理能力，这不仅可以促进孩子顺利完成作业，也可以让他的发展更有"后劲儿"。

三、"上道期"的作业支持细则

家长作业支持细则表

	家长支持方式
日常	**环境支持：** 确保孩子有完成作业所需的环境和条件，作业环境要适合孩子的个性特点和需求。
	技术支持： 为孩子学习提供必要的软硬件技术支持，如手机、电脑、打印、网络、软件等，和孩子讨论如何更好地使用辅助设备和网络、数字技术。
	计划安排： 根据孩子需要，帮助孩子制订和遵循学习计划，确保他们合理分配作业、预习、复习和娱乐、休息的时间。
	时间管理和过程管理： 在时间管理方面给孩子必要的支持，比如辅助孩子规划作业的顺序以及需要关注的时间节点；在孩子需要时协助他们进行自我管理；让孩子事先估算每部分作业需要的时间，在作业完成后"复盘"，对比计划和完成情况；对孩子在时间管理上的想法和努力给予鼓励和肯定，帮助孩子找到适合自己的方法，不断提升时间管理能力。
	提醒和督促： 根据孩子的需要适当进行提醒和监督，提醒和监督的方法可以与孩子商量，让孩子易于接受；随着时间推移逐渐减少提醒和监督的次数。

（续）

	家长支持方式
日常	**作业内容辅导:** 　鼓励孩子遇到困难时先自己设法解决,在孩子解决不了时提供必要辅导;辅导时注意态度和方法,尽量提供高质量的辅导;随着时间推移逐渐减少辅导的频次。
	鼓励自主学习: 　鼓励孩子独立完成作业,对孩子克服困难和独立解决问题表示赞赏。
周期性 节点 （如每周 或每两周 的周末）	**回顾学习和作业情况:** 　与孩子讨论他们的学习和作业情况,包括喜欢哪些科目,在哪些科目上有困难,本周的作业情况如何,以及在哪些方面需要帮助,哪些方面不需要;对孩子的努力、进步和对学习的热情给予支持和鼓励。
	提供学习资源: 　根据孩子的需求提供、补充所需的学习资源,如参考书籍、教育软件或在线课程。
	参与学习活动: 　适当参与孩子课内作业和课外学习活动,如完成研究性学习项目、家庭实验、阅读等,以增进亲子关系,促进孩子的学习兴趣;鼓励孩子用自己的方式进行学习和活动;给孩子提供必要的帮助。
	安排家庭文化活动: 　在周末和孩子一起进行易于安排的文化、教育、娱乐活动,在安排时听取孩子的意见。
阶段性 节点 （如每 月、每半 学期、每 学期、每 学年末）	**阶段性学习小结:** 　鼓励孩子对过去一个阶段的学习和作业情况进行小结,在总结方法上为孩子提供必要的帮助,帮助孩子总结自己的经验和优势,以及需要提升和改进的地方。
	家校沟通: 　与老师沟通孩子在校学习和各方面的情况,了解如何在家更好地配合学校的教学任务,以及支持、促进孩子的发展。
	关注学习风格和学习策略: 　结合老师的反馈以及孩子的情况,帮助孩子明晰自己的学习风格,发展适合自己的学习策略。
	优化学习环境: 　鼓励孩子对自己的学习环境进行整理和检查,精简无用、过期物品,对需要添置的学习用品、书籍等提出需求,家长协助购买和布置。

（续）

	家长支持方式
阶段性节点（如每月、每半学期、每学期、每学年末）	鼓励课外阅读： 和孩子一起选购、选择课外书籍；鼓励孩子进行课外阅读，拓展知识面和提升阅读能力。
	培养兴趣和特长： 支持孩子探索和发展他们的兴趣和特长，给孩子提供必要的支持；帮助孩子看到他的兴趣和特长与课内学习的关系；激发孩子的学习兴趣。
	安排一次大型的家庭文化活动： 和孩子一起计划安排家庭文化活动，并共同完成。

每周作业状态记录表

当家长感觉孩子的作业状态及自己参与孩子作业的状态需要调整改进时，可以先利用下面的"每周作业状态记录表"进行记录，作为制定改进方案的参考。当情况改善并达到相对平稳的状态后，可不再记录。

每周作业状态记录表

		作业时长	辅导时长	提醒次数	孩子状态	家长状态	备注
日常记录	周一						
	周二						
	周三						
	周四						
	周五						
	周末						
小结							

本周家长作业参与频次：_____

使用说明：

- "本周家长作业参与频次"为一周中有几天家长明显参与、帮助了孩子的作业。
- 本表中的"作业时长"记录孩子当天做作业的时间长度，如 50 分钟。在"小结"中将本周时长相加，得出总时长。
- "辅导时长"为家长为孩子进行作业辅导的时长，如 15 分钟。在"小结"中将本周时长相加，得出总时长。
- "提醒次数"为当天家长对孩子的作业在过程中进行提醒、督促的次数。在"小结"中将本周提醒次数相加，得出总次数。
- "孩子状态"为孩子在作业过程中的状态，可用 1~10 分进行打分，在"小结"中计算平均分。
- "家长状态"为家长在参与孩子作业过程中的状态，可用 1~10 分进行打分，在"小结"中计算平均分。
- "备注"为当天发生的值得记录的特殊情况。
- 家长可以利用这个表格记录一段时间（如一个月）孩子和自己在作业过程中的状态。
- 在一段时间后可进行阶段小结，计算本阶段各指标平均分。依据本阶段小结，家长可回顾在本阶段中情况较好时发生了什么，自己和孩子分别是怎么做的。

依据小结可以制定下一阶段目标，如缩短孩子作业时长和家长作业辅导的时长，适当减少参与的频次和提醒的次数，改善并提高孩子的状态，以及自己参与孩子作业时的状态。下一阶段目标建议在原有基础上稍有提高就好。

本表格仅供参考，家长可根据自己的习惯、需要不断调整。

四、"上道期"家长作业支持典型问题答疑

问题 1：孩子现在的作业情况是我管的日子就还好，不管的时候就会出状况，我觉得挺累，不知该怎么办。

在"上道期"，孩子已经具备了一些作业习惯，但同时还有一些能力有待培养。在第四章我们说过，作业是一种共享的"责任"，孩子对家长的提醒、

督促会有一定的依赖。由于"上道期"是一个相对平稳的阶段，已经形成了习惯，家长和孩子之间的有些互动方式就会固化下来。

在这时，家长还无法"断崖式"地放手，需要逐渐"做减法"，比如逐渐减少给孩子作业内容辅导、监督、提醒的频率。家长做得少了，孩子才可能在自己的能力上逐步"做加法"，提升自己的主动性。

家长特别需要明确一点，就是现在为孩子学习"做"的所有事情，其目的都是为了"不做"。所以在帮助孩子的时候，不仅要帮助孩子解决现在的问题，也要注意培养孩子解决问题的能力。

同时，家长也需要留意，孩子是否在生活中对家长依赖性过强。在生活中注意鼓励孩子自己的事情自己做，提升对他们的责任感。

家长在"做减法"过程中可以做的事

- 记录现状：通过记录（如使用"每周作业状况记录表"）家长目前参与孩子作业的情况，了解目前参与的频次、数量和质量，接纳孩子的现状。
- 关注孩子可以做到的部分，给孩子认可和鼓励。
- 和孩子讨论家长的哪些帮助是现在必不可少的，哪些是可有可无的，哪些是可以不做的。
- 制定近期"做减法"的目标，给孩子的行为明确的期待，比如作业中哪些事情需要他自己完成，完成质量的最低标准是什么。
- 鼓励孩子进行自我计划和管理：在孩子原有基础上提升孩子自我计划、管理的能力，如孩子之前已经可以做到先写作业再玩儿，此时可以进一步培养孩子做计划的能力，比如通过讨论，帮助孩子学会根据作业量和作业任务来进行合理的时间安排。

- 减少对孩子作业的直接帮助，比如从直接帮助孩子解题逐渐转变为提示孩子答题重点，帮助他们学会使用字典、参考书以及网上的资源。
- 逐步减少给孩子的提醒，拉大提醒的间隔。
- 鼓励孩子自我检查：鼓励孩子在完成作业后进行自我检查，减少家长的检查，或家长加大检查的间隔，如从每日检查变成每周检查。

问题2：孩子写作业拖拖拉拉的，总是边写边玩儿，前松后紧。每次一到睡觉时间看他还没写完，我就搂不住火，说了他很多次还是改不了，该怎么办呢？

我们在第八章中讨论了作业中的时间管理。对于"上道期"的孩子来说，他们的自我调节和时间管理能力还在发展之中，所以出现时间安排不佳、过程管理欠缺等问题是正常的。孩子主要是欠缺相应的能力，而不是态度不好、和家长做对，而且这些能力也不是家长说了他就可以立即提高的，所以还是需要家长提供支持，给孩子的能力提升搭设适当的"脚手架"。

家长促进孩子作业时间管理时可以做的事

- 用平和心态和孩子讨论，了解孩子作业拖延的原因，比如可能是因为作业量、作业难度大、缺乏兴趣、时间感知能力欠缺、计划能力欠缺等。
- 孩子可能并非有意拖延，而是缺乏时间管理和过程管理的能力。家长应辅助孩子对作业时间进行规划，帮助孩子找到适合自己的作业顺序和安排。
- 如孩子确实有意拖延，则尽量用开放的态度和孩子讨论，比如有可能是因为家长安排孩子在作业完成之后做额外的"作业"，或者孩子不能在作业时间之外做自己想做的事情，对完成作业缺乏动力。对此家长需对自己的做法进行调整，以提升孩子完成作业的动机。

- 协助孩子进行过程管理：在孩子完成作业的过程中，家长可根据孩子的情况在一些时间节点进行提醒和监督，避免最后"算总账"。
- 如孩子作业速度慢，暂时无法同时保证睡眠时间和完成作业，应优先让孩子睡觉。

问题 3：我家孩子作业是可以自己做，也不拖拉，就是作业质量不高，我不检查他就偷懒，该怎么办呢？

家长首先还是要认可孩子已经做到的部分，就是孩子可以记录和完成作业，在作业时间管理上也没有问题，可以基本独立完成作业，说明具有一定作业自主性和自我管理能力。现在主要需要解决的就是作业质量问题。

家长注意不要用"是的，但是……"的方式和孩子沟通，而是告诉孩子，他已经做得很好，现在还可以做得更好，用"是的，如果……可以更好"的方式和孩子沟通。让孩子感受到家长的认可，孩子会更有动力做出改进。

家长帮助孩子提升作业质量时可以做的事

- 与孩子沟通，了解作业质量不高的原因，可能是因为不够理解作业要求、缺乏兴趣、不够专注、某些学科上知识或能力不足、时间管理不当或是其他问题。
- 合理期待，设定合适的目标：可以先选择孩子认可的一个学科的作业进行"试点"，对作业质量提出合理的期待，比如原来该科作业质量平均是 3 分（中），近期目标可定为平均 3.2 分或 3.5 分，并讨论可以采取哪些措施。

- 如果孩子在某些方面存在能力不足（如精细动作能力欠缺、计算能力欠缺），则优先补足能力，再要求孩子提升作业质量。

- 提供指导和辅导：在孩子作业过程中提供必要的支持，帮助孩子理解作业要求，在遇到困难时教孩子主动求助，并给孩子提供必要的辅导、帮助，在辅导时注意方式方法。

- 建立作业检查习惯，分享检查方法：帮助孩子建立检查作业的习惯，开始时可以和孩子一起检查，让孩子知道如何检查，之后鼓励孩子进行自我检查，对孩子的进步给予鼓励；可以教给孩子一些学科特定的检查方法，比如数学中的验算。

- 奖励和鼓励：在孩子缺乏提升作业质量的动机时，可为孩子在作业质量上的提升进行奖励和强化；在孩子取得进步后给予鼓励，帮助孩子产生成就感；在孩子可以稳定保持作业质量后逐渐减少和取消外在奖励。

第十四章

促进自主：
"熟手期"孩子的作业支持方案

> 聪明的父母，以纯粹不杂功利的感情维系亲子的系属，不失之于薄；以缜密的思考决定什么该管，什么恕不，不失之于厚。在儿女未成立以前最需要的是积极的帮助，在他们成立以后最需要的是消极的不妨碍。他们需要什么，我们就给他们什么，这是聪明，这也是贤明。
>
> ——俞平伯，《贤明的、聪明的父母》

一、"熟手期"孩子的典型画像

"熟手期"的孩子，顾名思义，就是在作业方面已经是熟手了。经过和作业多年"交手"的经历，他们已经有了一套自己的应对方式。

孩子进入"熟手期"的时间有早有晚。早的在小学中、高年级就进入到熟手期，慢一点的则可能到初中阶段及以后。

同为"熟手期"，有的孩子偏向于积极方面，就是能够主动地、自主地完成作业。他们在学习上有自己的目标和计划，完成作业是他们心中计划的一环。在作业中，他们会主动地思考，也会较高质量地完成作业。对于作业过程的自我管理，他们往往已经具备了一套适合自己的策略、办法，在遇到问题时也知道如何解决。

也有的孩子偏向消极方面，他们对作业的态度是相对被动的，以不被老师和家长批评为目标。他们也有一套应对作业的方法，让自己表面上过得去。对于他们来说，完成作业主要是由于外在的压力，而非内心对于学习的动力。他们当中有的人作业质量和学习成绩尚可，但是内心却对学习感到压力大或者厌倦；也有的孩子则已经习惯于在作业上"摸鱼"，在学习上得过且过。

在这个阶段，有些家长还在沿袭之前"上道期"的做法，给孩子很多的帮助、提醒、监督，但是孩子却不像之前那么听话和配合，而是开始抗拒了。这其实是一个好现象，说明孩子的自主性在发展，有了更强烈的自我管理的意愿。但是家长此时容易陷入的误区是低估孩子的学习能力和自我管理能力，只看到他做得不够好的部分，迟迟不肯放手，这样会错过促进孩子自主性发展的良机。

"熟手期"孩子发展中的正常表现

- 作业态度和情绪：面对学业压力，孩子可能需要更多的情绪支持和压力管理的方法，以保持积极正向的作业态度和情绪。

- 作业动机和责任感：孩子对自己的学习和作业会有更强的责任感，他们意识到现在的学业对未来教育和职业的重要性，但这种认识也可能会给他们带来更大的压力，让他们产生抵触情绪和挫败感。

- 对作业数量和难度的感知：孩子会明显感觉到作业量的增加，难度增加，并且变得更加复杂和多样化，可能涉及深度分析、研究性学习以及团队合作等。

- 时间管理：孩子需要更高水平的时间管理能力来平衡作业、课外学习、活动和休息娱乐的时间。他们可能开始使用日历或计划工具来记录、追踪作业任务的截止时间，有了自己的时间管理方式。

- 自我管理和监控能力：孩子基本具有了自我管理和自我监控的能力，多数时间可以独立完成作业，并可能会反感家长的提醒和监督。

- 自主学习能力：孩子在这个阶段更加自主，会对想要认真完成的作业任务以及完成作业的方式进行自主选择，对家长参与的需求趋向减少。

- 思维方式与学习策略：孩子开始发展更高级的思维方式和更适合自己的学习策略，比如进行辩证思维、批判性思维、创造性思维，使用深度学习方法以及多样化的学习策略。他们这些成长和进步有时是不自知的，需要通过外界的积极反馈来得到巩固和发展。

- 问题解决和求助：在遇到困难时，他们会优先设法独立解决，并且有了一些解决问题的策略；在自己解决不了时，他们也会向家长、老师、同学求助。

- 社交和同伴影响：同伴之间的影响变得更加明显，孩子可能需要按照老师要求在小组作业中进行团队合作，也可能在课外和同学、朋友一起学习，并进行课外学习或兴趣爱好方面的活动。

- 作业完成情况：多数孩子具有了个性化的作业方式，也会在任务过多时安排优先次序和取舍，这个阶段需要更好地发挥作业对促进学习的效果，提升作业的效率。

二、家长作业支持目标：赋能放手，促进自主、独立作业

1. 促进独立思考，用个性化的方式学习

进入"熟手期"的时间通常在小学高年级到初中这个阶段。这个阶段科目增多、难度增大，对孩子的学习能力，尤其是思维能力提出了更高的要求。

孩子需要提升自己的抽象逻辑思维能力，让思维更具抽象性、系统性、理论性，并且要逐渐具备批判性思维和辩证思维。

要促成这些目标，孩子在学习和作业中需要更多的独立思考，而非照搬老师或家长的办法。孩子也需要学会发挥自己的优势，掌握个性化的学习方法，用适合自己的方式更加高效地学习。

在这个阶段，多数家长辅导孩子作业的能力已经极为有限，这时家长扮演的主要角色就是鼓励孩子的独立思考，帮助他找到适合自己的个性化学习方式。

2. 积极放手，促进孩子提升自我调节能力

这一阶段家长的另一个目标就是进一步促进"熟手期"的孩子自我调节能力的提升，具体来说就是促进孩子在作业中的自我管理能力。

从青春前期到青春期这个阶段，也就是从小学高年级到初中这个时期，是孩子自我调节能力发展的第二个"关键期"。研究发现，在这个关键期发展较好的孩子，能更加顺利地应对后来的压力和挑战。

在这个关键期，孩子的自我调节能力发展有两个特点：

第一个特点是，不同孩子自我调节能力的发展速度不一样，会有一个"重新洗牌"的过程。有些孩子虽然之前发展得还不错，但因为在这个关键期没有得到进一步的提升，就会相对落后；而有些孩子在这个阶段会加速发展，会反超之前发展情况比自己好的孩子。

第二个特点是，从发展速度上，孩子自我调节能力的发展有一个先快后慢的趋势，即在小学高年级的发展较快，到初中阶段的发展趋于平稳。

所以，家长在这一时期不仅仅应看重孩子对学科知识的掌握，更重要的是促进孩子自我调节能力的提升。而且，每个孩子的成长节奏不同，起跑慢的不见得会一直慢，我们需要给予孩子足够的耐心和支持。

在作业中培养孩子的自我调节能力，小学高年级更为关键。作为家长，需要从小学高年级开始更多地培养孩子的自主性、独立性。研究发现，在小学高年级自我调节能力发展较好的孩子，在作业上的自我管理水平和初中的高水平的孩子是相当的；同时，那些发展相对慢一些的孩子，到了初中在作业上的自我管理还处在小学高年级的平均水平，这时家长更需要锻炼孩子的能力，尤其需要适时的放手。

这里所说的放手是一种积极的放手，就是不再过多干涉孩子自己的安排，更多倾听、理解他对作业的想法，给他更多的自主空间，让他有更多的选择。

三、"熟手期"的作业支持细则

家长作业支持细则表

	家长支持方式
周期性节点（如每周或每两周的周末）	**沟通和情感支持：** 与孩子就学校、学习、作业以及日常生活进行沟通，了解孩子的感受；了解孩子感受到的压力，帮助孩子减压，调节情绪，提升孩子接受挑战的信心。
	讨论与计划： 与孩子讨论过去一个周期的作业和学习情况，了解孩子遇到的困难，帮助孩子对下一周期的学习做好适当的计划、预习、准备，增强学习中的掌控感。
	提供资源与技术支持： 根据孩子的需求给孩子提供匹配的资源，如参考书、课外阅读图书、学习软件、在线教育资源，人工智能软件等，可以与孩子一起搜索或购买，讨论适当的使用方式。
	鼓励自我管理： 进一步鼓励孩子在作业中的自我管理，如设定目标、计划、自我监控、时间管理、自我检查等，可以和孩子讨论各种策略对自己的适用性、有效性，促进孩子进一步提升自我管理的水平。

（续）

	家长支持方式
周期性 节点 （如每周 或每两周 的周末）	**讨论学习方法:** 和孩子探讨完成不同科目学习内容和不同形式作业的方法，帮助孩子找到最适合自己的学习方式。
	提供反馈和鼓励: 对孩子在作业、学习过程中的表现给予建设性的反馈，以积极反馈和鼓励为主，强化孩子的优势；可以适当提出改进的建议，但不宜强行要求孩子改变。
	鼓励休息和运动: 确保孩子在学习之余有足够的时间休息和运动，促进身心健康。
	共同安排家庭文化活动: 和孩子一起安排周末的家庭文化活动；对孩子和同伴的兴趣爱好活动给予支持。
阶段性 节点 （如每 月、每半 学期、每 学期、每 学年末）	**阶段性学习小结:** 在孩子进行总结时，可以与孩子进行讨论，了解孩子对自己学习以及各方面状况的看法，分享自己的经验和想法。
	家校沟通: 与老师保持联系，了解孩子在学习过程中的状态、压力和挑战；为老师提供关于孩子个性和当前发展状况的信息；通过家校合作促进 孩子成长。
	关注学习风格和学习策略: 接纳孩子的个性特点和学习风格，和孩子讨论当前阶段有效的学习方法和策略。
	优化学习环境: 允许孩子用自己的方式布置自己的学习环境，在必要时提供经济支持以及孩子需要的其他帮助。
	开展与生涯相关的家庭文化活动: 和孩子一起做和生涯规划相关的活动，如和不同职业、专业的人士交流；参观职业场所；参观高校；观看与孩子感兴趣的职业相关的影视作品；阅读不同领域名人的传记等。
	鼓励孩子发展兴趣和特长，开展文化活动: 了解孩子感兴趣的领域，和孩子一起安排家庭文化活动，鼓励孩子参加校内外的社会实践、夏令营、游学等活动，鼓励孩子和同伴一起开展和兴趣爱好相关的活动并提供必要的支持。

每月作业状态记录表

当家长感觉孩子的作业状态及自己参与孩子作业的状态需要调整和改进时，可以先利用下面的"每月作业状态记录表"进行记录，作为制定改进方案的参考。当情况改善并达到相对平稳的状态后，可不再记录。

每月作业状态记录表

		参与频次	参与质量	孩子状态	家长状态	备注
日常记录	第 1 周					
	第 2 周					
	第 3 周					
	第 4 周					
	第 5 周					
	小结					

使用说明：

- "参与频次"为本周中有几天家长明显参与、帮助了孩子的作业，在"小结"中可计算平均每周频次。
- "参与质量"是本周家长作业参与的质量。可由孩子评定打分，也可由家长自评。评定时可参考家长作业内容辅导评价表（第六章）、作业规范支持评价表（第七章）及家长自主性支持评价表（第十章）。在"小结"中计算平均分。
- "孩子状态"为孩子在作业过程中的状态，可进行简单记录，也可用 1~10 分进行打分，在"小结"中计算平均分。
- "家长状态"为家长在参与孩子作业过程中的状态，可进行简单记录，也可用 1~10 分进行打分，在"小结"中计算平均分。
- "备注"为该周发生的值得记录的特殊情况。
- 家长可以利用这个表格记录一段时间（如一个月）孩子和自己在作业过程中的状态。

- 在一段时间后可进行阶段小结。家长可回顾在本阶段中情况较好时发生了什么,自己和孩子分别是怎么做的。一般来说,家长的目标应是降低参与频次,提升参与质量。

本表格仅供参考,家长可根据自己的习惯、需要进行调整。

四、"熟手期"家长作业支持典型问题答疑

问题 1:孩子进入中学了,最近一段时间有明显的厌学情绪,不像小学时那么爱学习了,不想做的作业就不做了,也经常"吐槽"学校和学习。尽管我们家长心平气和地和他沟通,给他讲了很多道理,比如学习多么重要,但是收效不大,我们该怎么办呢?

在很多研究中,学生的学习动机随着年级增长呈现下降的趋势,所以孩子上了中学不如小学时好学,不一定有问题。在中学阶段,随着科目和难度的增加,孩子在学习上会遇到不少挑战。当大环境过于重视学习、分数、排名,同时家庭中也把学习放在首位,对孩子的心理状态以及青春期的发展变化不够关注时,孩子有时产生一些厌学情绪是一个正常的青春期孩子对不正常的外部环境的正常反应。

家长此时需要评估的是,孩子是有暂时的负面情绪,还是有可能有更严重的心理问题以至心理障碍。一般来说,如果孩子连续一两个月情绪不好,还有睡眠、饮食等生理方面的问题,或者在学校适应方面有严重困难,则需要专业的帮助。如果怀疑孩子可能有焦虑、抑郁等方面的心理障碍,可到专业机构进行诊断。如需医学干预,则遵医嘱进行治疗,并可辅以心理咨询。

在这种情况下,家长切勿有病耻感,或把孩子的学习放在健康之前。和所有医学问题一样,早干预、早治疗是最好的方法。如果拖延就医,那么即

使后来家长观念改变，孩子康复的难度也会变大。

如果孩子只是一般性的情绪问题，则可寻求心理方面的帮助，如找心理老师或心理咨询师进行咨询。同时，家长需要在家庭中帮助孩子调整情绪，减轻孩子的学习压力，帮助孩子更好地应对学习和生活中的挑战。

家长在帮助孩子调整情绪和减压时可以做的事

- 倾听和理解：不要急于给孩子建议或者帮助孩子解决问题，与孩子进行开放和非评判的沟通，倾听孩子的感受和担忧，了解孩子厌学的原因，给予共情和理解。

- 少讲道理：当孩子情绪状态不佳时，避免说教，如给孩子讲很多"正确"的道理，此时这些道理对孩子起不到帮助的效果。

- 提供情感支持：给予孩子情感上的支持，让孩子知道家长理解他们的困境，接纳他们的现状，知道家长愿意站在他们一边帮助他们。

- 关注孩子的心理健康：把孩子的身心健康放在学习成绩之前，必要时寻求专业帮助。

- 鼓励孩子表达负面情绪：接纳孩子的"吐槽"，鼓励孩子做有助于宣泄情绪的事情，让孩子知道他在家里可以安全地表达和释放负面情绪。

- 安排放松时间：在每天、每周、每月安排孩子个人或全家的放松时间，做有助于减压放松的活动，避免让孩子一直处在"紧绷"的状态。

- 改善亲子关系和家庭沟通模式：尊重、理解孩子的表达，和孩子进行更平等的沟通，适当采纳孩子对自己事务和家庭事务的意见、建议。

- 和孩子讨论应对当前学业压力的变通办法：如孩子当前确实存在困难，和老师沟通，看是否可以减轻作业负担，给孩子时间进行调整，共同寻找改善孩子厌学状态的方法。

- 帮助孩子解决学习中存在的问题：当孩子的情绪状态好转后，可以和孩子讨论如何解决学习中存在的问题，比如通过更合理的安排，让学业和作业压力处在可控的范围。

问题 2：我家孩子现在上初二了，做作业就是埋头做，不太善于做计划安排，比如会在副科上花费太多时间，到了重要的学科时间又不够，我们做家长的该怎么帮他呢？

孩子在这里需要培养的是对作业过程进行管理的能力。

就孩子的作业过程来说，有三个阶段：

第一个阶段是计划阶段，包括设立通过作业要实现的学习目标，安排好作业的先后次序，计划好自己要如何做作业。

第二个阶段就是执行阶段，包括作业过程中的自我督促、根据进展情况调整速度、采取有效措施帮助自己集中注意力、防止分心，在遇到挫折时自我鼓励，调节自己的情绪等。

第三个阶段就是总结阶段，这是作业完成后的"复盘"，根据反馈来反思自己之前的作业过程，总结其中有效和无效的部分，好在下一次进行改进。

从您的描述来说，孩子在执行阶段可以专注地去做，这是他的长处，值得肯定。

孩子欠缺的是计划和总结的能力。由于孩子已经在青春期了，不宜直接提要求，更适合的方法是和孩子一起做计划，和他讨论不同作业的优先次序，怎么安排更合理；还可以在"总结"阶段和他讨论，问问他计划的效果如何，听听他的意见。家长可以分享自己安排事情的经验，供孩子参考。

学习是一个周期性的过程，看似周而复始，实际上每一次循环都是在前一次基础上的提升，而总结反思就是促进提升的重要方式。但这种总结反思不能在外界压力下进行，而是需要孩子自己的主动思考，家长要做的是促进孩子的主动思考。

家长提升孩子作业计划安排能力时可以做的事

- 讨论作业的目标和要求：讨论每项作业的具体要求、重要性、截止日期，帮助孩子理解、判断一项任务的优先次序。

- 和孩子一起制订计划：可以抽空和孩子一起制订作业计划，教给孩子计划安排的工具，比如本书第八章提到的"时间管理四象限法"，让孩子理解做计划的原理。

- 学会任务分解：对于需要较长时间完成的作业，鼓励孩子将作业任务分成几个部分，从而可以更容易估计时间，掌控进度。

- 评估和自我评估：和孩子一起评估计划的合理性和完成的情况，鼓励孩子进行自我评估。

- 提供反馈和情感支持：对孩子制订和完善计划的努力给予积极反馈，让孩子看到自己做对了和有效的部分，在孩子遇到困难时给予帮助。

- 强调计划的灵活性：帮助孩子了解计划不是一成不变的，可以根据进度进行调整。

问题 3：我们夫妻都是在学习上比较有经验的人，孩子做作业时，可以看出他在学习方法上和思维方式上都有一些问题，不知道是不是因为青春期逆反，现在只要和他谈起这些事情就很容易变成争吵，我们该怎么和他沟通呢？

孩子在作业方面进入"熟手期"，和在发育上进入青春期，往往是重叠的。在这个阶段，随着学习科目的增多以及作业复杂性的增加，孩子完成作业的方式会有更多可能性。要促进孩子的个性化学习，就是要允许他选择做作业的方式，家长可以提建议，但却不强求。

孩子在青春期的所谓"逆反"，是孩子自主性发展的表现，他们现在对自主性的心理需求更强，更加需要家长的尊重、理解和倾听，而不愿意接受父母给予的现成的做事方法。所以家长需要因势利导，让自己的角色更像一个平等的讨论者，而不是一个掌握答案、居高临下的指导者。讨论的前提是没有现成的答案，每个人可以分享自己的想法，互相交流，家长可以用自己的经验影响孩子，但也能听取孩子的想法，接受孩子的影响。

就学习方法而言，学习方法需要适合每个人个性化的学习风格。适合家长的方法未必适合孩子，要帮助孩子找到适合自己的学习方法，需要基于孩子自己的经验和感受来进行讨论，而不能把家长的方法照搬给孩子。

从思维发展来说，平等的讨论过程可以促进孩子批判性思维的发展，因为批判性思维的内涵就包括开放性地倾听、支持不同观点的论据，从不同的角度思考问题，最后再得出自己的结论。平等开放的交流不仅有助于建立积极的亲子关系，也有助于提升孩子的思维品质。当我们更多地把孩子当成一个大人来沟通的时候，他也会真的越来越像一个大人。

同时，家长需要把握教育的时机，"不愤不启、不悱不发"说的就是时机问题。当孩子意识到自己的做法有问题，愿意提问、求助时，往往是更合适的时机。如果家长不管孩子想不想听就习惯性地提出"未经请求的建议"，会让孩子习惯性地忽视家长建议的价值。

家长在不引起孩子反感的前提下给孩子提供帮助时可以做的事

- 尊重孩子的表达：尊重孩子的观点和感受，相信孩子有关于自己学习的一手经验，且孩子的经验是有价值的，努力理解孩子的感受和想法。
- 保持平静的态度：和孩子讨论学习和作业问题时保持平静的态度，当孩子有负面情绪时可暂时"叫停"，避免对孩子情绪化地批评指责。
- 共同探索解决方案：和孩子一起讨论可能的解决方案；尝试不同的方

法，尽量用提问而非给解答的方式和孩子讨论，让孩子觉得方法是通过他的参与想出来的；对孩子想出的办法给予肯定。

- 开放式提问：避免用"是不是……""……对不对"等封闭式问题和孩子沟通，也避免用"为什么……"这种有可能让人感觉有指责性的提问方式；尽量用开放式的问题和孩子讨论，比如："对……你是怎么看的？""当……发生了什么？""你觉得……可能是什么原因呢？"
- 用"分享"替代"建议"：把自己和别人的经验当成一种"分享"，供孩子选择和参考；如果要给建议也避免让孩子感觉必须要遵从；尊重孩子对自己事务的决定权。

参考文献

第一部分

［1］ 孙燕.家长作业投入对学生作业意志控制及其发展的影响［D］.北京：北京师范大学，2021.

［2］ Bembenutty，H.Meaningful and maladaptive homework practices：The role of self-efficacy and self-regulation［J］. Journal of Advanced Academics，2011，22（3）：448-473.

［3］ Castro，M.，Expósito-Casas，E.，López-Martín，E.，et al. Parental involvement on student academic achievement：A meta-analysis［J］. Educational Research Review，2015，14：33-46.

［4］ Chou，E. Y.，Halevy，N.，Galinsky，A. D.，et al. The Goldilocks contract：The synergistic benefits of combining structure and autonomy for persistence，creativity，and cooperation［J］. Journal of Personality and Social Psychology，2017，113（3）：393-412.

［5］ Cooper，H.，Robinson，J. C.，Patall，E. A. Does homework improve academic achievement？A synthesis of research，1987-2003［J］. Review of Educational Research，2006，76（1）：1-62.

［6］ Dettmers，S.，et al. Homework works if homework quality is high：Using multilevel modeling to predict the development of achievement in mathematics［J］. Journal of Educational Psychology，2010，102（2）：467-482.

［7］ Dettmersa，S.，Trautweina，U.，Ludtkea，O. The relationship between homework time and achievement is not universal：evidence from multilevel analyses in 40 countries［J］. School Effectiveness and School Improvement，2009，20（4）：375-405.

［8］ Fan，H.，Xu，J.，Cai，Z.，et al. Homework and students' achievement in math and science：A 30-year meta-analysis，1986-2015［J］. Educational Research Review，2017，20：35-54.

［9］ Hampden-Thompson，G.，Guzman，L.，Lippman，L. A cross-national analysis of parental involvement and student literacy［J］. International Journal of Comparative Sociology，2013，54（3）：246-266.

［10］ Jang，H.，Reeve，J.，Deci，E. L. Engaging students in learning activities：It is not autonomy support or structure but autonomy support and structure［J］. Journal of Educational Psychology，2010，102：588-600.

［11］ Moroni，S.，Dumont，H.，Trautwein，U.，et al. The need to distinguish between quantity and quality in research on parental involvement：The example of parental help with homework ［J］. The Journal of Educational Research，2015，108（5）：417-431.

［12］ Patall，E. A.，Cooper，H.，Robinson，J. C.. Parent involvement in homework：A research synthesis［J］. Review of Education Reseach. 78（4）：1039-1101.

［13］ Pomerantz，E. M.，Moorman，E. A.，Litwack，S. D. The how，whom，and why of parents' involvement in children's academic lives：More is not always better［J］. Review of Educational Research，2007，77（3）：373-410.

［14］ Ramdass，D.，Zimmerman，B. J. Developing self-regulation skills：The important role of homework［J］. Journal of Advanced Academics，2011，22（2）：194-218.

［15］ Sierens，E.，Vansteenkiste，M.，Goossens，L.，et al. The synergistic relationship of perceived autonomy support and structure in the prediction of self-regulated learning［J］. British Journal of Educational Psychology，2009，79：57-68.

［16］ Silinskas，G.，Niemi，P.，Lerkkanen，M.，et al. Children's poor academic performance evokes parental homework assistance：But does it help?［J］. International Journal of Behavioral Development，2012，37（1）：44-56.

［17］ Skinner，E.，Johnson，S.，Snyder，T. Six dimensions of parenting：A motivational model［J］. Parenting：Science and Practice，2005，5：175-235.

［18］ Vansteenkiste，M.，Sierens，E.，Goossens，L.，et al. Identifying configurations of perceived teacher autonomy support and structure：Associations with self-regulated learning，motivation and problem behavior［J］. Learning and Instruction，2012，22：431-439.

［19］ Wilder，S. Effects of parental involvement on academic achievement：A meta-synthesis［J］. Educational Review，2014，66（3）：377-397.

第二部分

［20］ 任俊. 给教育者的积极心理学（第二版）［M］. 北京：中国轻工业出版社，2019.

［21］ 曾奇峰. 曾奇峰的心理课［M］. 北京：中国友谊出版公司，2020.

［22］ 蒋舒阳，刘儒德，甄瑞，等. 高中生数学能力实体观对数学学习投入的影响：学业自我效能感和消极学业情绪的中介作用［J］. 心理发展与教育，2019，35（1）：48-56.

［23］ Goetz，T.，Nett，U. E.，Martiny，S. E.，et al. Students' emotions during homework：Structures，self-concept antecedents，and achievement outcomes［J］. Learning and Individual Differences，2012，22（2）：225-234.

［24］ Katz，I.，Kaplan，A.，Buzukashvily，T. The role of parents' motivation in students' autonomous motivation for doing homework [J]. Learning and Individual Differences, 2011, 21 (4): 376-386.

[25] Silinskas, G., Kiuru, N., Aunola, K., et al. The developmental dynamics of children's academic performance and mother's homework-related affect and practice [J]. Developmental Psychology, 2015, 51 (4): 419-433.

[26] Sun, Y., Liu, R.-D., Oei, T.-P., et al. Perceived parental warmth and adolescents'math engagement in China: The mediating role of need satisfaction and math self-efficacy [J]. Learning and IndividualDifferences, 2020, 78 (2): 101837.

第三部分

[27] 陈琦, 刘儒德. 当代教育心理学（第三版）[M]. 北京: 北京师范大学出版社, 2019.

[28] 孟祥芝, 舒华. 汉语儿童阅读障碍研究 [J]. 心理发展与教育, 1999, 4: 54-57.

[29] Meyer, K., Kelley, M. L.Improving homework in adolescents with Attention-Deficit/Hyperactivity Disorder: Self vs. parent monitoring of homework behavior and study skills [J]. Child & Family Behavior Therapy, 2007, 29 (4): 25-42.

[30] O'Sullivan, R. H., Chen, Y., Fish, M. C. Parental mathematics homework involvement of low-income families with middle school students [J]. School Community Journal, 2014, 24 (2): 165-187.

[31] Shen, C., Li, R.-D., Wang, D. Why are children attracted to the Internet? The role of need satisfaction perceived online and perceived in daily real life [J]. Computers in Human Behavior, 2013, 29: 185-192.

[32] Won, S., Yu, S. L. Relations of perceived parental autonomy support and control with adolescents' academic time management and procrastination [J]. Learning and Individual Differences, 2018, 61: 205-215.

[33] Xu, J. Predicting homework time management at the secondary school level: A multilevel analysis [J]. Learning and Individual Differences, 2010, 20 (1): 34-39.

第四部分

[34] Helwig, C. C. The development of personal autonomy throughout cultures [J]. Cognitive Development, 2006, 21 (4): 458-473.

[35] Hill, N. E., Tyson, D. F. Parental involvement in middle school: A meta-analytic assessment of the strategies that promote achievement [J]. Developmental Psychology, 2009, 45 (3): 740-763.

［36］Kim, S., Fong, V. L. How parents help children with homework in China: Narratives across the life span［J］. Asia Pacific Education Review, 2013, 14: 581-592.

［37］Pomerantz, E. M., Eaton, M. M. Maternal intrusive support in the academic context: Transactional socialization processes［J］. Developmental Psychology, 2001, 37（2）: 174-186.

［38］Smetana, J. G., Wong, M., Ball, C., et al. American and Chinese children's evaluations of personal domain events and resistance to parental authority［J］. Child Development, 2014, 85（2）: 626-642.

［39］Soenens, B., Vansteenkiste, M., Lens, W., et al. Conceptualizing parental autonomy support: Adolescent perceptions of promotion of independence versus promotion of volitional functioning［J］. Developmental Psychology, 2007, 43（3）: 633-646.

第五部分

［40］林崇德. 发展心理学［M］. 杭州：浙江教育出版社, 2002.

［41］刘儒德. 教育中的心理效应［M］. 上海：华东师范大学出版社, 2013.

［42］Dignath, C., Buettner, G., Langfeldt, H. How can primary school students learn self-regulated learning strategies most effectively?［J］. Educational Research Review, 2008, 3（2）: 101-129.

［43］King, K. M., Lengua, L. J., Monahan, K. C. Individual differences in the development of self-regulation during pre-adolescence: Connections to context and adjustment［J］. Journal of Abnormal Child Psychology, 2013, 41（1）: 57-69.

［44］Toney, L. P., Kelley, M. L., Lanclos, N. F. Self- and parental monitoring of homework in adolescents: Comparative effects on parents' perceptions of homework behavior problems［J］. Child & Family Behavior Therapy, 2003, 25（1）: 35-51.

［45］Xu, J., Wu, H. Self-regulation of homework behavior: Homework management at the secondary school level［J］. The Journal of Educational Research, 2013, 106（1）: 1-13.